胡蘭成

心經隨喜

小北 譯

劉慕沙 審定

一九七一年在日本出版的《心經隨喜》。

摩訶般若波羅蜜多心經

觀自在菩薩。行深般若波羅蜜多時。
照見五蘊皆空。度一切苦厄。
舍利子。色不異空。空不異色。
色即是空。空即是色。
受想行識。亦復如是。
舍利子。是諸法空相。不生不滅。

不垢不淨。不增不減。是故空中無色。
無受想行識。無眼耳鼻舌身意。無色聲香味觸法。
無眼界。乃至無意識界。
無無明。亦無無明盡。
乃至無老死。亦無老死盡。
無苦集滅道。無智亦無得。
以無所得故。菩提薩埵。
依般若波羅蜜多。故心無罣礙。
無罣礙故。無有恐怖。

遠離顛倒夢想。究竟涅盤。
三世諸佛。依般若波羅蜜多故。
得阿耨多羅三藐三菩提。
故知般若波羅蜜多。是大神咒。
是大明咒。是無上咒。是無等等咒。
能除一切苦。真實不虛。
故說般若波羅蜜多咒。
即說咒曰。揭諦揭諦。波羅揭諦。
波羅僧揭諦。菩提薩婆訶。

目次

朱天文序

上個世紀六〇年代中期，流亡日本的胡蘭成老師應邀在名古屋講《心經》，之後，一九六六年從二月到六月，以日文寫成書，這是胡老師的第一本日文書。

一九五〇年胡老師離開大陸，自香港偷渡至日本，在靜岡清水市池田篤紀家暫居半年，每天去教日文的先生那裡，開始學日文。因池田的安排，每月給《每日新聞》寫三篇稿，又去各地演講，都是由池田翻譯。

這段期間，流亡如新。就像宋亡有志士東渡日本乞兵，終知難為，削髮入寺。而明末朱舜水，得到德川家族水戶藩第二代藩主禮遇，水戶儒學的尊王思想，兩百年後成為反幕府的精神指導，遂致大政奉還，明治維新。

然則，胡老師講經，那圖像，不是講壇華幔，不是五彩旌幡，卻血騎憑陵雜風雨，（一九六六年文化大革命）。他講經站在那裡，寂然如水，好似蘇軾遙寄諸葛亮在五丈原揮師北伐，萬騎出漢巴，說是「吏士寂如水，蕭蕭聞馬撾」，是那種寂。此所以胡老師才會說：「比起佛僧，志士更親近般若心經。」

當年這本由「筑波山梅田開拓筵」印行的精裝匣冊，年年再版，我手上這本是三版，昭和四十六年（一九七一）九月印製，裝禎優質得可以傳家，賞心悅目像一件手工逸品。我聽過石刻家山田光造說：「胡先生的日文寫作很特別，常常不合文法，卻正是魅力所在，如果把它修飾得合乎日文，反而失掉什麼似的。」

多年來，喜愛胡老師中文著作的讀者，一直渴望能閱讀他的日文撰述。尤其此書《心經隨喜》，有人索性在網上徵求譯者，幾年之間，有慈濟大學東方語文系的教授欲譯未成，又有佛光藝術研究所的老師嘗試譯了開頭，也不成。結果一位不相干的大陸年輕人小北，竟叫他給譯了出來。

初時，只知小北是胡迷，發願以胡老師的日文著作為讀本來精進日文，而就執筆逕自譯起來，譯完一章寄給網友們一章。我每次輾轉獲得譯文，並不當真，也看也不看，唯對小北這股熱勁傻勁，說是感佩，想想還是咋舌的成份多一些。這樣，一本書譯完了。無人當真的，竟也出版社聞風來接洽了。沒有可能之事，誰知都成了可能。

所以請我母親劉慕沙出山，自五月至六月，將譯文逐字逐句校訂後，寄給杜至偉修正完，再重頭順一次，斟酌確認，定稿時已是七月盛暑。本來大陸簡體字版已付梓在即的，終究審批不准。這次，仍然是，繁體字版先出了。

二〇一二年一月十二日

保田與重郎序

學問的喜樂在於學而時習之。這是我們那個時代以聖賢之言所領受的教誨。到得遲暮之年猶能深深感受昔日所受的教誨，可以說是無上的喜樂。尤其是「有朋自遠方來，不亦樂乎」，這份樂趣，不知是否人人都有過同我一樣的經驗？如若有此經驗，就讓我們銘感於人生的美好與現世的

❖ 保田與重郎是日本浪漫派重要作家。與川端康成、尾崎士郎並稱為昭和三文人。一九六六年胡蘭成在日本筑波山梅田開拓筵講學時，保田與重郎亦同任講師。

珍貴福分而忘我罷。

為此，結識胡蘭成先生，乃是我此生最具意義的一樁事。先生自青春年少起歷經革命建國動亂，度過顛沛流離的半生。他曾是汪兆銘先生最引為信賴的同志。大東亞戰爭結束後，他擺脫國內劇烈的動盪局面，隻身亡命我國。我只聽說先生是一位革命政治家，後來才親自體會到先生特殊的學問，高貴的思想，和知識之淵博。而我所認得的胡蘭成先生，乃是當代無雙的詩人和文人，於東洋文明了解之廣之深，在現代可說是第一流的存在。

自我國明治維新以後，東洋曾出現過幾位耀眼的思想家，我深信百年戰亂時代的人世道義全靠這些人得以維持；而今，我願將這份信賴寄託在胡蘭成先生身上。先生宣揚東洋文明的真諦，也解說我國古神道的本質，對我國國體之道有一番深刻的說明。在這一點上，可以說教示了本國人士所未曾覺察，甚至先人亦未曾涉足的見解。

這或許來自先生淵博的知識與大格局的歷史觀，而我認為更該是源自他宏偉的英雄式世界觀。於先生，世界觀並非觀念上的慰藉與遊戲，而是作為一種信念，展現在立足於道義去處理現實世界的歷史、現勢以及未來。孤獨的亡命英雄因以建國氣魄為生命，內心得以常保潔淨豐饒。無論任何時代，每一中國偉人的觀念裏都保有世界一統的思想。我認為應稱作世界主義的這種想法，與我神武天皇開國詔書所提的八紘為宇有一脈相通之處。那並非侵略統治的慾望，而是宏揚文明的一種思維。

胡蘭成先生於其政治論述上，展現了他超越現代政治觀念的廣大無邊的構想。例如過往某立春之日所記述的大東亞構想，即遠遠超越現代的地緣政治學，毫無領土舊觀念，乃至近代的國家主義。蓋先生所論說，聖人政事，王道思想，無不立足於文明與道義，根底上與我天皇示以天下的那種宏謨是相同的。我是驚訝於國際間通認相當大膽的這種論說之前，先就為當今之世居然存在著能夠作此發想的偉人這事而讚歎良久。關於文明的思考，在本質上東西方可說截然不同，我們勢難被彼方所理解。但我這份悲哀依然燦亮如火焰，絲毫不悽慘。而我這種感慨，前人也曾不止一次的重述過。

胡蘭成先生思考東洋文明，為了用今天的時間地點來解說，遂專心一志於這方面的著述。知悉先生的態度一如史上聖賢對待自己著述的態度，我深受感動。此心經的解說，乃是根據先生以日語講解的筆記而成。先生的日語講解有一種獨特的魅力，乃因為先生所講解的，多源自先生淵博的思想和獨自的歷史觀。先生的發想較諸日本人，更加透徹的教示了我們日本歷史的理想與精神。我由衷的高興先生亡命到日本來，我亦對先生的發想倍感親近，不時有心靈相契的神奇感受，且屢屢體會到較諸日本同胞更為貼切的一體感。

在此，我明白了「同文同種」的真義，也領悟到那是對的；它以維護同一文明作為貫徹終身的悲壯宏願，是文明同種的一種共鳴。

領略到胡蘭成先生常時平靜溫和的外貌底下所蘊含的激烈、勇氣與果斷，我感到敬畏。

雖說還無能盡知先生其人之大，但以他的詩文，乃至作為思想家來看，卻屢屢讓我實感到先生乃當今世界最好的。對於認識鄰國的這位人士，且能與他心靈相契、勝似本國同胞的今生這份不可思議的奇緣，我實在無以言說，那就像是想都無法想的一股歡悅。大東亞風雲格外慘烈嚴酷的那個時代，竟然有這樣一個人的存在，便是證明了將來是不容你預測的。我是從先生身上始領悟到一名英雄於歷史定位上的難以預測。至今我仍認為能給人帶來心動冀望的英雄，今日東洋唯先生一人而已。

自序

胡蘭成

溫庭筠的詞：

照花前後鏡
花面交相映
——花間集——

印度的佛法與中國的黃老，是照映出日本文明的前後兩面鏡。對中國人來說，佛法與日本的神道，亦是兩面鏡。如果能因為我這本著作，讓印度人將日本和中國視如東方諸佛世界，則真是可感激的。

我們中國與日本自有黃老、神道，亦尚有齊家治國平天下之道，唯佛教的傳入仍可謂功德無量。如果說文明在於它自身的展現，那麼佛教已然展現了我們的文明。

前此唐君毅先生夫人來日本，有幸聆聽夫人彈奏古琴。其中一曲令我心安靜下來，讚歎再三。他們告以此乃佛曲，是普安禪師所作的《普安咒》。中國的音樂裡有道調，有黃老的仙樂，也有儒教的雅樂。有謂道調仙意飄渺，雅樂雅正幽淡，我始知除此之外尚有佛曲。《普安咒》異於印度原本的梵音，確實是屬於中國的，而且是黃老、儒教之外的另一種新情操；如水滴落岩石或古木，既無反射之音亦無回音，是一種沉色素樸、踏實的慈悲之音。

中國自南北朝至隋唐，以寺院和石窟造像的興盛，革新了中國文明的表現；但後來日漸衰微，佛教遂脫卻其原來的造形，成為白居易與蘇東坡詩歌的悟境；之後，《西遊記》產生，遂以中國的新造形展現了有關佛教事物的種種。明朝以來中國民間對觀音菩薩和西天極樂世界的嚮往，便是來自《西遊記》，我認為那是再可喜不過了。《西遊記》的快活裏透著一份沉色素樸，讓我感受到《普安咒》佛曲那種情操。

同一時期日本亦完成了奈良和京都的寺院建造，佛教帶來的日本人的新情操，催生了《平家物語》。如果沒有佛教的傳入，或許也不會有《平家物語》和芭蕉的俳句。《平家物語》之悲猶有佛教色彩生鮮之處，到了芭蕉詩歌那種沉色素樸的況味，可以說並非佛教影響到日本情操，而是以日本情操自生的。佛教之於日本人，與其說是盂蘭盆舞，或是街坊常見的臨濟宗，乃至某教派之類的信仰，毋寧說是全然在無所覺察的地方化成了日本情操。全世界無可追隨的和服那種沉色，是很佛教化的。而印度少了這股沉色的況味。日本神道除了紅、白、茄紫三色之外，還又多了淡茶沉色，這對日本文明來說，著實是值得慶幸。

相對於此，西洋的天主教早在唐朝以前即曾傳入中國，卻沒有留下任何痕跡。及至明朝，神父再度東來，雖然對自然科學有所助益，之於情操卻是毫無影響。清初，儘管康熙瓷曾採用西洋彩繪，乃至太平天國兵亂甚至使用過天主教的稱號，也都船過水無痕，對中國人的情操沒有發生任何作用。中日兩國詩人率多熟悉佛教，天主教徒卻無一人成為詩人。

縱使洛陽和大同的佛寺佛像營造逐漸衰疲，奈良與京都的寺院建造亦已過去，佛教仍以中國人與日本人的新情操存活下來，並且日新又新的生發出新的造形。相形之下，現今西式的大樓和公寓之類的建造，絕無可能成為我們的新情操，這種營造的風氣一旦過去，在我們的人生顯然也不會留下任何痕跡。

作為美術造形，我們中國和日本幾乎從不採用印度的建築。寮國和泰國的佛寺保有印度的原貌，日本、朝鮮和中國卻各有自己的建築風格。唯獨佛像彫刻曾經模仿過印度，卻也沒有持續多久。對於佛教教義的深入鑽研，亦沒有長久堅持下去。要說各宗派的分歧在於教義，不如說是各自的風格形成所造成的歧異。

如此看來，原原本本仿傚現今西洋的造形，只會造成情操上的空白。制度也是一種造形。我認為日本與中國的政治制度，務必與我們日本的房屋與庭園，與我們中國的天壇和皇城相稱才好。不過，現今北京人民大會堂的建築，倒也透露出毛澤東對皇城的一絲浪漫遐思。

中國自秦漢時代便已與希臘、羅馬交通往來，洛陽酒女還把羅馬的玉珠當耳墜，卻也沒有自彼方引入任何哲學上的東西或其他什麼，其態度是無所禁忌的順其自然。而今我們對於西洋，當然更不該有一味仿傚的執著。對於外來之物，需要什麼，不需要什麼，選擇標準亦不甚高明。其實，只要無心虛懷以對，自然就可以分辨出會留存的或會流逝的。

只要無心虛懷，就能明白世事所映照出來的文明的肯定。般若心經就是說的這種明白與肯定，也把人世的風景說了出來。

我曾經發願，中國之亂平復以後，立即要邀請高僧，於杭州西湖的昭慶寺舉行一場大法事，不分敵友恩仇，無差別地去超度中日戰爭和大東亞戰爭的陣亡者，戰爭結束後遭處決的汪兆銘政府有關人員，後來死在國共內戰、韓戰、越戰戰場上的冤魂，以及這三十年來民間因戰亂而流離死亡者。也就是說，要對死者的亡靈說明白他們生前做過什麼，為何而死，天道悠悠，是非平等，他們每一個人都當受到祀奉，希望他們能夠無悔無恨，且對我們先人的作為予以肯定。可說如此化解亡者之怨，乃是對生者有益。可惜舉行大法事的夙願至今未遂，只得先以此講經的功德為亡者祈福。

我這本著作是經「ジャーナル日報社」水野氏提議，加上於名古屋市講經時結下的善緣，才執筆開寫的。因有梅田美保❶女士為我潤筆和謄寫，我才敢於用日文書寫，要說是兩人合作而成，我亦歡喜。再就是寫作此書時，有一股請保田與重郎先生過目的渴望。

自今春丙午年二月開始，至八月的今日，終於寫完這本書，正值作此序文的階段。剛才暫時擱筆，往筑波山神社的參道上散步，只覺山也因暑氣而沉靜。途中，頭上一陣雷鳴，我遂想起道教的一則故事：某名山石窟裏藏有一冊祕經，由於天機不可洩露，白雲和雷電乃禁止攜出此經。我笑笑，倒是喜愛這一聲強而有力的雷鳴。

昭和四十一年（一九六六）八月十四日

❶梅田美保，筑波山梅田開拓筵筵主。梅田開拓筵是梅田女士與其夫梅田伊和麿創辦的一個古神道系的宗教組織。因其創始之初便有意成為一所學校，故又稱梅田學筵。胡蘭成、保田與重郎，以及岡潔是三位主要的教師。

摩訶般若波羅蜜多心經

觀自在菩薩行深般若波羅蜜多時照見五
蘊皆空度一切苦厄舍利子色不異空空不
異色色即是空空即是色受想行識亦復如
是舍利子是諸法空相不生不滅不垢不淨
不增不減是故空中無色無受想行識無眼
耳鼻舌身意無色聲香味觸法無眼界乃至
無意識界無無明亦無無明盡乃至無老死
亦無老死盡無苦集滅道無智亦無得以無

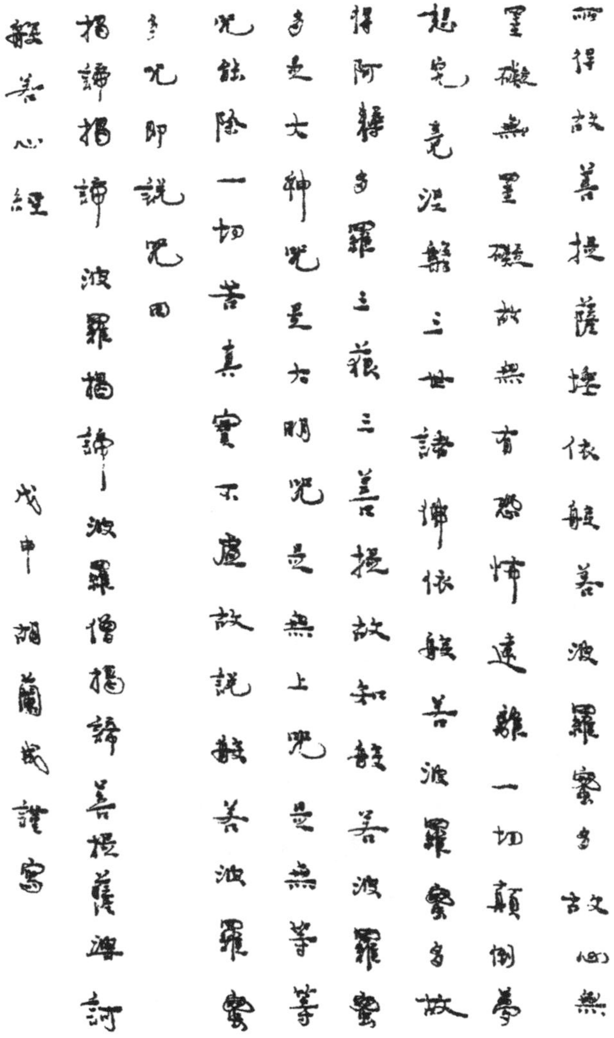
所得故菩提薩埵依般若波羅蜜多故心無
罣礙無罣礙故無有恐怖遠離一切顛倒夢
想究竟涅槃三世諸佛依般若波羅蜜多故
得阿耨多羅三藐三菩提故知般若波羅蜜
多是大神咒是大明咒是無上咒是無等等
咒能除一切苦真實不虛故說般若波羅蜜
多咒即說咒曰
揭諦揭諦 波羅揭諦 波羅僧揭諦 菩提薩婆訶
般若心經
戊申 胡蘭成謹寫

原版《心經隨喜》扉頁中胡蘭成親筆臨寫的《心經》。

第一回

般若心經是一篇極度歸納了印度文明的經文，恰如《大學》此文最簡要地概括了中國文明。心經凡二百六十字，大學原文亦不過二百零六字，兩者都是作成於大約兩千五百年前。世界上在兩千五百年前出現而與此並立的，還有幾何學的幾條公理。那個時代，人類智慧創造力的不可思議，完全令人吃驚。

文明一旦達到「無」的境界，就已超越進化論，成為常道，可以永遠用之不竭。隨著它的不斷演化與發展，人類雖在「有」的一面，即知識與技術上凌駕於祖先，但在「無」的一面，即人格與智慧上，卻沒有比我們的祖先進步多少。就數學而言，即便定理和公式在不斷增加，其基本定理即所謂的公理卻一直沒有什麼改變。

老子說：「知其白，守其黑。」我們既要知其進化的一面，亦應懂得守其根本的一面，即超越進化的一面。土井晚翠❶說，自荷馬以後至今，西洋文學便再沒有什麼新的創造。但有別於荷馬的是，歐幾里得所寫的《幾何學》一書雖已歷經兩千年，我們今日仍必須從頭去學習它。對文明謙虛，對祖先謙虛，獻一炷香來念心經，則是現代人改變情緒的第一步。

我在這裏講般若心經，亦是承「ジャーナル日報社」水野社長之善

願，願以此功德來祈禱世界和平與人心潔淨。

中日兩國經由佛教結緣，原本始於遣唐使。日本人前往中國學佛，弘法大師❷為其代表，中國的高僧亦紛紛東渡日本。其中最有名的是鑑真與祖元。鑑真大師為進一步弘揚佛教，隻身前來日本，而祖元法師是在宋亡之際，為逃蒙古兵之難，毋寧說是政治亡命。繼祖元之後，幾名志士亦亡命日本，做了和尚。因祖元這班人，禪宗纔得以在日本弘揚。禪宗傳揚的是一種氣魄。幾百年後的今天，我亦以政治亡命者的身分在這裏講般若心經。

❶ 土井晚翠（1871-1952），日本詩人，代表作有詩集《曉鐘》、《遊子吟》等。

❷ 弘法大師即空海（774-835），空海是其謚號。日本真言宗的開山祖師。

本來佛教與其說是宗教，不如說是志士的修行。約兩千五百年前的印度，敗戰於波斯，當時釋迦即是被佔領國之人，他心裏充滿了敗戰國人的苦惱，文明的反省，以及對潔淨與延喜的嚮往，對不敗不亡之道的追求。釋迦的修行，也成了他的行動與教化。此後印度人得以心志堅強，遂有後來的阿育王完成了印度統一與復興的大業。我在這裏講心經，亦是希望能夠讓眾人心志堅強，驅除現代的煩惱，重建國家，創造和睦美好的家庭。

現代的建築工程，機械動力雖強大，現代人的內心卻出乎意外的脆弱。般若心經的「心」亦好比是草的「芯」。現在已是春天，草長出了芽。你看那樣柔弱的東西，卻能破土而出，是因其生命之芯無比堅強。那個芯不是鋼筋混凝土中如鋼筋一樣硬的芯，而是生命之芯。若把一顆芽剝開來看看，卻是見不到那樣的芯，如同將芭蕉的莖一層一層地剝開，到頭來也看不到芯。但無論是草還是芭蕉，確有那樣一顆生命之芯。

人的心在腹中，不在心臟裏。那是生命之芯，恰似草芯，是解剖無法找到的。現在雖按生理學所言，腦替代了心云云，但腦是後起之物，在以前，生命自身即智慧，不憑藉任何思想——亦即由腹決定，而非頭腦決定。是整個生命去體驗，而非所謂的大腦這種局部之物去體驗。大人物的智慧與魄力即在此。

現在來說「**摩訶般若波羅蜜多心經**」這個題目。

摩訶即大，般若即智慧，波羅蜜多意為度，這些字都是音譯。因為這些字在梵文原典裏都是古語，並非釋迦當時的語文，而是以原原本本的原型保存下來。下面舉《萬葉集》裏的例子來說明。

保田與重郎先生著《日本美術史（三）》（在《藝術新潮》三月號連載）說，「《萬葉集》的原型文學，比起《萬葉集》的形成至今，有著更久遠的歷史。這就意味著《萬葉集》原始的形成比神武天皇皇紀歷年更久遠。……而且從《古事記》上卷整理出來的歌謠中，時常可見驚人的古體的痕跡。……」

釋迦的說教亦是如此，時時出現一些令人吃驚的古體或古語。印度大乘佛教經典的原型語文，是早於釋迦時代至少一千五百年以上的達羅毗圖人的文明所創造的語言。這些字在漢譯中特別以音譯來表示。

譬如古語所說的仁、義二字，因產生於距今十分久遠的時代，幾乎不可能用新的字來代替或者意譯。除事務性的用語之外，我們祖先創造的文明的形態，用以表達的若干字義和語意竟是如此的絕對。

正如中國文章裏「悠」字不能用「久」字來代替，心經裏「摩訶」這一古語，亦不能譯為大。久是相對的長時間，是有限度的，悠則是無限的絕對的長時間。摩訶是無法用量尺來度量的大。豐臣秀吉[3]與加藤清正[4]

---

[3] 豐臣秀吉（1537-1598），日本戰國時代、安土桃山時代的武將及大名。所蓋的大坂城，是日本三大名城之一。

建造城池的偉大，是因灌入石板之間的是當時的人世風景與人們的魄力和誠摯，遠非今日的高樓大廈與高速公路可比。比起現代的工程與大量生產物，還不如唰一聲打開一把日本扇，更有著一統山河之感。和服的風姿使日本人展現出「天地人」這樣堂堂的人物形象。成為這樣的人，則可以治天下，亦可以成仙成佛。

般若即智慧，智慧亦相當於日本三種神器之一的鏡子的德行。我們太古時代的祖先把鏡子和太陽月亮連結起來，因而說萬物歷然皆在。智慧的修行，首先是清晰的觀照世界，懂得感激，始知幸福。現在是早春，梅花盛開，花開的聲音與春風的相契，是生命的知性與智慧，也是我所尊敬的保田與重郎先生的文章。

此摩訶般若心經是釋迦講觀音菩薩修行之經，觀音菩薩相當於中國的女媧，或日本的天照大神，是遠古新石器時代之初的菩薩。女媧煉五色石補天，天照大神出入巖戶，都與新石器有關。觀音菩薩的原始造像是手持淨瓶與楊柳枝，那淨瓶大概是陶器，楊柳枝有可能由稻穗轉變而來，到底都是新石器時代使用陶器與開始農作的紀念之物。《西遊記》裏有孫悟空祈頌觀音曰「汝乃七佛之師」，這與歷史是相符的，觀音菩薩是佛的先輩。

我在《山河歲月》裏寫道，舊石器時代人是無明的，文明始於新石器時代，在日本則是神代。今再看印度，則觀音菩薩和諸古佛都與農作有

❹ 加藤清正（1562-1611），日本安土桃山時代、江戶時代的武將及大名。曾參與建造的熊本城、名古屋城都是日本的名城。

關。關於觀音菩薩，除了淨瓶與楊柳枝，又有水月觀音之說，水與月之寶貴，還是農業文明之故。又、普陀觀音的造像是魚籃觀音，增添了紫竹林與蓮花池，都有著農業的因素。觀音以外，諸古佛亦都是蓮花寶座。

文明的開始，是在新石器時代，文明的造形之完成，則介於銅器時代與鐵器時代之間。亦即在中國是孔子時代，在印度是釋迦時代，在西洋是希臘時代，當時的產業的程度為了祭祀，為了天下統一，為了表現飲食車服宮室器皿的禮儀，把文明的造形發揮得淋漓盡致，沒有過剩，亦沒有不足。因而在中國、日本、印度、希臘，幾乎同時盛開了一次文明之花。此後，雖然產業不斷進步，文明的本質並沒能創新，只是在文明的造形上出現了新的樣式。因此，我認為我的朋友保田與重郎先生的〈農業文明論〉與〈王朝文學論〉，已然超越了重農主義、重商主義等小格局的經濟學領域，是莊嚴的文明的大見識。

《易經》不講進化，只說變化，一旦達到文明的極致與「無」的境界，就不再有應該被否定或被修正的東西。但西洋雖是自希臘時代就已有數學，卻不明白生活中尚有無的境界。之後西洋的歷史雖幾經變革，但始終悟不了無，不能形成文明。從這點來說，文明恰似做飯或煮豆，若是中途煮不好，重新再煮也沒有用。即便是核時代，若沒有文明，則什麼也做不成。

因此，我們若明白了這個道理，就該自今日起從頭學習數學，原汁原味讀《大學》與《萬葉集》，還要完完整整誦念般若心經。

為何可以稱觀音作觀世音菩薩，或觀自在菩薩呢？前面我說過觀音是新石器時代的神。舊石器人是洞穴壁畫的時代，新石器人是太陽、音樂與數學的時代，因為與音樂有關係，遂稱觀世音。又添加了念珠。而心經說的是菩薩的修行，觀自在就是其修行的心得。「自在」與「自由」不同。例如，日本人每天工作歸來，換上和服，坐在榻榻米上，十分自在。但很多人回到自己家一點也定不下來，坐立不安，末了到鋼珠店去放鬆，這時雖有自由卻不自在。又人一生為社會工作，學生為應付考試而學習，從自身來看都沒有一點自在，終歸是不情不願。西洋語所謂的自由是從人的權利、爭議而得到，東洋的自在是以人的修行而獲得。

觀音的「觀」字亦有其特殊的意義。《易經》有觀卦，又孔子時代不說聽音樂，而說觀樂，而《老子》開篇即說「故常無欲以觀其妙，常有欲以觀其徼」，最能闡明觀音的修行之道。大凡觀其眼即知其人的程度，劍道亦是如此。

觀音菩薩的形象在中國和日本，比在印度本土更完美，且更受歡迎。印度本土的觀音菩薩，如中國的女媧或日本的天照大神，因其造形已定，不能加工修改，但來到中國和日本之後，卻幾次受到兩國文明的加工改造。在中國，吳道子畫的觀音像表現了南北朝女性的清艷與唐代美人的豐腴。後又吸取了宋代水墨南畫的灑落與天青水紋瓷的清潔，塑造出白衣觀音的造像。而明朝小說又賦予了觀音菩薩庶民的生活情趣。前後千百年間，一次次加進中國人的情操及家庭倫常，巧妙的統合成觀音菩薩的造形。在日本，想必亦加入了王朝文學中所表現的女性色彩、神社巫女的清艷、茶道的奧蘊，以及日本民間的親切，經過一次又一次的揉合，最終完成了觀音菩薩的造形吧。

觀音像的文明的造形，好比刻有銘號的日本刀。著名的刀匠總是先清潔自身，再開始打刀，經過反覆鍛造，纔有天下的名刀，觀音像亦是千餘年來日本人虔敬的結晶。

我在筑波山見到梅田女士親手製作的各種各樣的手工藝品，直覺那是天下的絕品，待聽其說明，其製作始於想保持傳統的美術，從大刀手工做的刀條得到啟發，製作了具有現代用途的領帶，裏外不分，而且用十二種顏色重疊混合而成，在統一的配色上下了功夫，所以什麼樣的衣服都能搭配。我靈機一動，得以用工藝品來說明保田與重郎先生的文章。保田先生文章的內容及其文體，亦是像那樣經過一層又一層反覆疊合而成的。

觀音菩薩的造形亦是由中國文明與日本文明疊合而成，是適合天下萬人的。淺草觀音廟裏的聯句、

佛身圓滿無背相
十方來人皆對面

我對日本的名刀、名文以及手工藝的名家品類亦有那樣的心得。又、觀音菩薩亦涵蓋了日本女性相貌莊嚴的一面。佛經上說、

極樂世界無有女人
女人到此化童男身

觀音身上表現了日本女性最高的完美。而對男人來說，對一個親近無隔的女性，往往超越戀愛，始終以面對神社巫女的心情相待，那正是與面對觀音同樣的感覺。中國的神仙故事，瑤池西王母那裏，金童玉女二仙遭罰，投生塵世為人，起凡人之戀，雖結為夫妻，但在離合悲歡之後返回瑤池，因悟得情緣而斬斷一切，就算每天相遇，亦只在平靜歡喜之境。現今的世人對待觀音，正是這種超越的情緣。因而誦念觀音，即可訴諸我國幾千年來文明所錘煉疊積出來的東西，同時因自覺本身是與千萬人一起存活於這文明之中的，遂而獲得救贖。

觀音的親切是有其庶民性的。因為阿彌陀佛與如來佛過於偉大，向他們訴說瑣事與煩惱會有所顧慮。但是對於觀音，我們很容易與之商量並傾訴煩惱。在中國，女孩子到了五歲七歲戴耳環這種小事，也要拜過觀音菩薩才能戴。又因觀音被稱作七佛之師，所以在世人尚未全部成佛之前，她自己甘居菩薩之位。這也反映了日本婦女以丈夫和孩子為先，以照顧客人為先，把自己放在最後的純情與謙虛，越發打動人心。

佛與菩薩雖都慈悲救度，但觀音特別被頌作大慈大悲救苦救難，就在其庶民性的親切感。誰都想越過人生的苦海，卻又始終難逃苦海。那是因為志願，而非罪的緣故。志願越大，苦難越大。就像人類在太古時代遭遇的洪水之劫，此後是否還會再遭遇亦未可知。觀音只管救人，卻從不責備人。唯在西洋史上的奴隸社會中產生了人有罪惡這一觀念，中國人與日本人卻沒有。

《西遊記》裏，唐僧玄奘法師赴印度取經途中，口念心經而使心志堅強。同時觀音對唐僧的徒弟孫悟空說，「我許你今後若遇到大苦難，則叫天天應，叫地地靈。」我戰後亡命溫州途中，在一個叫麗水的河邊山路上行走時，偶然想起這一段，含淚申呼，山川亦為之肅然，人也變得柔和。可是現今世界到處潛藏著災難，我們除了反對核子武器，別無拯救之道。

觀音經有兩篇。一是《普門品》，講觀音菩薩救人之功德。再一篇就是講觀音修行奧秘的般若心經。兩者都是釋迦教導其弟子的。

行深般若波羅蜜多這一句，講的是觀音菩薩修行所達到的程度。僅有知識還不夠，修行之事，譬如相撲，雖然對相撲四十八招瞭如指掌，但與真正去角力是不同的。現代物質雖多，知識也多，但人的修行卻極其欠缺，什麼事都成不了真實。譬如一旦不景氣，人馬上就志氣衰弱。單是工作不算修行，但藉由人間的道場，我們得以修行。只要有意，公司的工作也可以成為修行。

行深般若波羅蜜多這一句所說的「深」，具有歷史風景無限，人生無盡之意。般若就是前面所說的智慧，波羅蜜多即是度彼岸。智慧無所禁忌，到了彼岸，便又可天地清曠，諸佛菩薩皆妙喜讚歎。佛經上出現的妙喜、法喜，不是得到什麼的滿足，而是不為什麼，只覺歡喜。生命本身就是吉祥，幸運，歡喜。本來日本婦女做什麼講什麼，總表現出歡喜之心，這就是與觀音一樣的修行。戰後的青年男女只滿足於物慾，那是教育不好之故。我想，王朝文學與《平家物語》裏的故事來自佛教影響的那種悲壯，經由日本文明始成為美，神社巫女那樣安靜的歡喜之感，更是文明的極意。

時照見五蘊皆空這一句，「時」即修行的時機，如清晨聽見花開之聲的一瞬，劍道高手運足氣閃電般出手的一瞬，數學家或作家靈感突來的一瞬，又如史上決定明治維新成敗的一瞬，皆是修行的最佳時機。「照見」二字與《大學》開篇「明明德」的「明」字一樣，相當於日本三大神器修行中的鏡的修行。

「五蘊」包括色與受想行識五種，人間世界皆依此而成。關於這五蘊，在釋迦當時的印度就曾引起極大的爭論。爭論之初分為三派外道，其中一派主張物質實有。另一派不同意這個主張，故說「物質可測方位，又可以計數，方位是假設性之物，非實有，又不能細分，數量亦沒有單位，故物質非實有，有的只是因緣和合」，即主張關係存在說。這即是聲論師所說的聲音的因緣和合，以及數論師的宇宙只有數之類的種種爭論。而還有第三派，則說，「因緣的結合依靠動，其實並沒有動這個東西。動應該有發，但發亦到底無法求證，故關係亦不存在。一切皆幻，一切無常。」

釋迦差不多吸納了諸派論說，但又完全撇開這些，又說「僅僅實有則儘是無常，不過如來修行五蘊皆空，得到了常樂我淨。」

我曾對古印度的這個爭論非常感興趣。釋迦當時，在與巴比倫、希臘、波斯等的接觸刺激下產生了新鮮的印度自然科學與數學，以及包括外道在內的諸派論辯的因明學，遠勝於後世西洋的辯證法。中國隋唐時代盛行的相宗（唯識宗），慈恩大師等人亦曾醉心於這場論辯的機鋒。隋唐時代的中國在與西域接觸過程中產生的新鮮知識，亦有一種喜氣。及至現代，中國又在西洋的刺激下，欣然於新鮮知識，對佛經中備受爭論的《成唯識論》、《大智度論》等有了興趣。現在許多日本的佛學研究者亦只苦讀那些爭論。

但是捕得魚之後，最好忘了捕魚的工具。做為重要的結論，相對於外道的「五蘊皆實」或「五蘊皆幻」，釋迦講的是「五蘊皆空」。五蘊一般都是通過我們的眼耳鼻舌身意來接觸物的世界，但這些都受到極大的限制，且亦混有許多雜音。不被其所限制，不拘泥於限制，且清除其雜音，故說五蘊皆空。如日俄戰爭時，東鄉元帥寂然坐照以對海流、氣候、敵情種種，按作戰計畫既定的時間地點，成功的演出了一場「敵前二直角回轉」的歷史性絕技。

不拘於眼耳鼻舌身等感官，用腹去看，用腹去聽，這才會變得耳聰目明。聰明不僅是感覺，也是智慧。以賓主禮儀的美好心意去品味盛饌，以對神虔敬的歡喜心去聞飄漾的香氣，再以潔淨過的身體去觸及天地靈氣，則味香觸亦皆成為空。

「空」亦稱「虛」。岡潔❺在信中說，「日本的庭園造有踏腳石，西

❺ 岡潔（1901-1978）日本數學家，曾留學巴黎大學，留學期間深感自己對日本文化的瞭解不夠深，回國後便一直接觸日本傳統文學及佛教等領域，晚年曾著有一本關於真理的書。

洋的可只是整片用水泥鋪滿。」即東洋文明有虛，西洋的唯有實。和服之美在於其無用的長袖。放在榻榻米上的東西因非常少，人變得很自在。中國人或日本人，都不說征服自然，而說與自然和諧相處。這是要人的謙虛纔能做到。日本人的教誨，是無論寫文章還是相撲，務必先鬆下緊綳的肩頭之力，始能達到人間藝術的最高境界。

一個人可以從幼時的孝順學會如何鬆下肩頭的力氣。若不教育孩子對父母謙虛，對老師也會傲慢無禮；分明是個不良少年，卻倨傲的怒聳著肩膀。說起孩子的教育問題，首先要在家中端正夫婦生活，以引導孩子。日本婦女原來非常謙遜，丈夫回到家中如魚在水中不意識到水。戰後的風氣則是，婦人擁有了權利與義務，經常以自身的存在為話題而爭吵，使丈夫緊張不安。

佛教中的「空」字相當於《老子》、《莊子》中的「無」，或《論語》中的「仁」。但日本有什麼呢？日本文明如春，春天水木清華，競相綻放，有花有木有水，雖花木水就是春，但春本身是空，是無。日本文明是在與中國、印度，以及西洋的文明對照之下始得彰顯，這才真的是空的極意。

戰後的日本，充滿了物欲，而忘了謙虛。日本的為政之道原本是虛，現在的政治家若能稍微回歸這樣的道，則根本不用那麼忙碌。

在孫文先生百年祭裏，紫垣隆❻翁於熊本縣的荒尾城建立孫文、宮崎滔天銅像時，我給那儀式的祝旛上寫道、

志士無一物

欲使天下一

孫文與滔天除了志向以外，當然身無一物，卻創立了那樣的歷史大業，常說著想著復興亞洲、世界大同等事，並身體力行。想到這個，今時的我們不該認為天下事大有可為麼？

❻ 紫垣隆（1885-？），孫中山先生日本友人，為生死至交，曾於一九六五年訪臺，著有《世界一統》。

第二回

一

五蘊皆空的修行就是佛教的「戒」、儒家的「節」、道教的「損」（減少），還像日本神道的「祓」，字雖不同，卻是同一件事。

依五蘊來說，戒就是不囿於外物，應是「向內」的教育。動物只向外，一點也不向內反省，到了人才會開始向內。不僅是道德上如此，科學上也一樣，從事應用技術者向外的人便可以擔任，但原理的發明者如愛因斯坦等都是向內的人。那就是說科學也是道德，因向內而產生創造性。

關於戒律的教誨方式，中國與日本民間本就實施已久，年幼的孩子非但得不到父兄和師長的讚賞，只會受到叱責，受這種教育的孩子日後都成了明治維新或中國辛亥革命中的大人物。

節就是節日，或者節制，正月裏的遊春、三月三日的女兒節、五月的鯉魚旗、秋天的盂蘭盆會舞蹈、冬天的獅子舞等，這些都是傳統節日，沒有比這更快樂的事情了。但是節慶過了就得收心，不能因為節日的歡樂而耽溺其中。如果撇開節慶，只為娛樂而歌舞，勢必心志頹廢，形成當下的奢靡之風。正是《書經》上說的「恆歌屢舞，此所為淫風」。

損指減少，就今日而言，就是電視機照相機等多有幾架無妨，只是不要看太久或使用過度。真富貴的人家雖然擁有很多華麗的服裝和寶石，但卻出乎意料外的簡樸，真正使用的東西很少，希望現代福利國家的大眾生活型態也能形成這樣清高的品格。

筑波山梅田家裏掛著宮島大八[1]先生的字「花有神」三個字，一個字約一尺大。每回看到這個，我就會想起兒時，在兒童眼裏真是花有花神，而中國道教的《黃庭經》中說五臟六腑各有神。五蘊亦像花一樣，空而莊嚴神聖。

❶ 宮島大八（1867-1943），日本書法家，師事中國書法家張裕釗。

而在如今大城市中，花已非真花，水亦非真水。國會議事堂裏所做的事情亦非天下的真實，祭祀成了觀光表演而漸漸遠離其本質。這種情況就是佛經裏說的五蘊皆濁，陷入了五濁惡世。為了澄清這濁，就像河流靠源頭奔流出清泉，我們亦只有從先人的教化中去尋找出路。中國古琴有這樣的良言，「琴者禁也，心之禊也」。我從伊勢神宮得到撤下來的供品和現場法會的陶器，滿心歡喜感激，頓覺萬物因日本神道之祓而變得真實，遂有天地之始的感覺。

二

度一切苦厄此句，「苦」即是日語中出現的「四苦八苦」，四苦是生、老、病、死之苦。這些加上刀兵、水、火、貧賤四個，叫作八苦。但刀兵等是災厄，稱作四苦四厄更合適。「度」和《易經》中既濟未濟的「濟」字同義，意思是並非要征服苦厄，而應該度苦厄。

度生老病死之苦，並不是否定生老病死，而是去除那種苦的修行。

生之苦包括營生之苦與因果輪迴之苦。動物只管營生，而生為人就應該還有各種禮制，這是中國人、日本人從遙遠的幾千年前傳下來的。不介意營生，而能捨棄生命成就大義之事只有聖賢與浪人❷可為，一般人亦都能超越只管營生層次的動物領域，因禮制而成就人世風景。但現在是於進

❷浪人即離開主家而到處流浪的武士，是近代日本特有的歷史現象，亦有任俠、英雄之意。

化史上走回頭路，所謂的現代福利國家只談生活，無論哪個內閣的施政演說都不談禮制。沒有禮制，無論怎樣提高生活品質亦不知創造生活的餘裕，只求能夠活下去的沉重，負擔仍然不變。這在政治革命來說就是重建文明的課題，此所以比起佛僧，志士更親近般若心經。

又因果輪迴之苦，是起因於生的規則和節奏以及禁忌。綿羊離不開集體行動，蠶作繭亦決定了型，蟬的一生是從幼蟲時就決定的。因此因果律是宿命的，眾生難逃。儘管生而為人，在這樣一個現代福利國家的社會，仍然宿命難逃。我在學生時代，對將來的事情一無所知，而現在的學生是被國家勞僱體制的就業與退休養老金決定了命運。這樣的宿命，都在朝著時代的大毀滅前進。

但人應該可以擺脫這樣的宿命。只有人纔能順從或者擺脫因果律的束縛。人的偉大發明，如幾何學的點、線、圓以及僅有的幾條公理、無理數，皆已擺脫了因果律的束縛。

若能從因果律中解脫出來，則當下即可以擺脫宿命。人類的智慧與風流的極致，照《易經》所說的，就是要依從和擺脫因果律之事。最後在因果律不可抵達的地方產生了意想不到的幸運。最好的文章都是作者沒有預料到的，只能說是天然偶成。那是一種值得千年感激的偶然的幸運。窯變就是以同樣的釉藥，卻變化出萬千的色彩，讓人唯有驚喜而已。人的這種作為是天地無心，卻足以一舉擺脫因果宿命一切的禁忌。

人生的幸運是偶然的，偶然本是難得。偶然就是讓因果律中不可能的事成為可能，使歷史邁向未知的境界。偶然即是未定之事，恰好與宿命的早已注定相反，革命者與創造新歷史的人起初面對不利的條件，正如下圍棋時猜到白子的一方，面對局勢的難以捉摸，反倒有望。

無論是印度的佛教，中國的《易經》，還是日本的《古事記》，都沒有宿命之神，可以說是可喜的好事。中國人與日本人所說的「運」，是幸與不幸尚未定，與宿命完全不同。而在西洋則希臘神話裏就連諸神都不敢宿命之神。輪迴之苦因是早已注定的，無論怎麼修行都不可能逃脫。

三

老苦則只要看看現代社會的養老院就可明白。以美國為例，老人都靠退休金在養老院度過，看著老舊的電視和廣播節目，老人亦像過時品，都已被這個世界拋棄，漸漸與這個世界無緣。辛勞一生，對自己除了退休金以外別無任何價值。想為世人做點什麼，但在這個世上已沒有任何與自身可親之物了。公園裏老人們在下棋，隨著夕陽的沉落，這個世界的一切榮光也漸漸地消失。

在美國街上的電車或汽車中，絕對不要讓座給老人，否則必定會被怒斥：「難道把我當老人嗎！」他們竟是這樣怕老。

這真是動物的悲哀，人不應該是這樣的。《大學》裏明德之德即是得，就是說所行之事於本身有得。這個得不光是功利的得，也是指具有人生意義的得，如此，退休後也不至頓時落得一場空了。人是有禮儀的，老人因子女和兒孫之孝行而更好、更加尊貴。因為有孝順父母的美德，及至我們子孫後代，尚能對死者有所親，更何況對還健在的老人。

我兒時在中國鄉下，同族長輩中的老人一大早起來散步，留意到村子裏的某戶人家還在酣睡，便於大門外一聲輕咳代替叱責，那一家人便都打著哈欠恭敬地起床。既不是村長，也不是直系長輩，只是個窮阿公的老爺爺，偶而上我家廊下小坐曬曬太陽，母親便立刻穿著整齊，出來奉茶，這一情景至今仍然浮現在我眼前。

《三國演義》裏司馬水鏡對劉備說：「百步之內必有芳草，十室之邑必有忠信，若求大賢，隆中有諸葛孔明。」只有十戶或百戶人家的村落裏，因有父老在，年輕人亦變得忠信。又、朝廷尚有三老（三個民間的年長者）與天子坐而論道之說。《史記・漢高祖本紀》中記有三老上呈意見書，是在秦始皇廢除貴族制度之後的事，當然這三老不是貴族，只因為是老人而受尊重。

體力和技術，會受年齡所限，而道卻是越老越精純。德富蘇峰先生的書法是在九十歲後才成為極品。罕見的繪畫大師齊白石亦是在六十歲以後才有真正的好作品。還有堅山南風先生今年已八十歲，對描繪歷史名作日光東照宮的鳴龍仍精進不懈。至於體力，只要得道，武藝高手即便上了年紀仍很高強。政治不止於事務性的作為，若還有道，則三老在朝廷與天子坐而論道應屬當然。

美的事物隨著歲月會與神更加接近。現在的老人遭兒子媳婦瞪眼，映在孩子眼裏的容貌只會變得越發寒傖難看，但我幼時見了誰家的老奶奶都是和藹的。孩子們被母親抱到廊下拜月亮，月亮不叫月亮姐姐，而教我們叫月亮婆婆。在孩子眼裏，老婦就像月亮一樣美麗。

漢詩多有歎老之詩，那是因為太喜歡眼前的人世風景和自身，歡喜不盡之餘，只想留住，像孩子只想永遠留住新年，當長輩告以「今天就到此為止罷，還有明天呢」，便即回嘴說「才不要呢！」這絕不是嫌棄老年。蘇東坡中年時就感歎自己年華已老，其實是一種自負。這在喜吟自身年老的白樂天的詩中更加明白。又歐陽修在四十不到就早已自號醉翁，絲毫沒有顧忌。

四

若能脫離動物的領域，即以有限的身體開展無限的人生風景，則病痛與死亡之苦皆可得度。

對於病，首先應將它從禁忌中解脫出來，若以醫藥科學來看，病亦並非不潔，又以人情的善意來看，病亦不是不吉利。曾有戰前中國福建廈門大學學生，當時在抵制日貨的風潮即將到來之際，還能尊敬當地的日本醫院。日本人亦最嚮往醫生和護士，在醫藥科學中亦有詩情。

唐人有詩、

僧院午日藥欄靜

又如我少年時代的作品、

桃花豈識人消息

藥氣微聞繡幙垂

（門前一樹桃花豈知天涯道路上戀人的消息？臥病的年輕妻子，庭院恬靜，繡簾低垂，飄來微微煎藥的氣味。）可以說是謙虛勝過與病魔搏鬥的頑強。

汪精衛先生在七七事變兩年前任行政院長時，因派何應欽與日軍締結「何梅協定」（日方代表梅津中將），被認為是喪權辱國，而遭槍擊中彈，那舊傷後來在戰爭末期惡化，來名古屋接受治療，結果仍然不治。我幾年前往訪名大醫院（名古屋帝國大學醫院），從當時的主治醫生勝沼精藏博士處聽聞，汪先生感激來自日本皇室、民間的好意及醫院的特別關懷，深感過意不去，連對一介護士也都禮儀周正。他的病是骨髓腫，最是疼痛得劇烈，連軍人亦不能忍受，汪先生卻一點呻吟聲也沒有，始終保持溫和的表情。那不是因為汪先生的堅強，而是一種修為。汪先生讓夫人在名大醫院庭院裏種下兩棵小梅，汪先生去世後，戰後世界有變，兩棵梅樹至今依舊花開。

我母親晚年，因支氣管炎，每年秋天至來年春天過半之間臥床不起。受兒媳和孫女的良好照顧，儘管家境貧困，兒子在遠方，亦沒有一點牢騷。雖長期躺在二樓小房間的病床上，有衣櫥，有桌子，有窗戶，她一生的歲月也不覺得白過。聽窗外的田野上與道旁的人聲，只覺得人世是如此的真實，且充滿了值得感念的事物。

歷史上像汪先生一樣的大人物，乃至我母親這樣一介平民，都因為謙虛而使病痛變得柔和舒緩，死亡亦復如此。

五

孔子說好生，亦即是好死。漢詩中多有感慨悼念死亡的詩，是因為覺得活不夠。現在這個世界日益簡慢，死後什麼都與自己無關，無論如何只要貪婪地活著就好，現代人對死的無感是史上不曾有過的。這個時代，還有像「ジャーナル日報社」水野社長一樣的人，雙親亡故後已過十年，還能不間斷地每天早晨請來尼姑誦經，這使我肅然起敬，亦使我感到人世的莊嚴。

死是生的餘韻，越好的歌，餘韻越是柔和。熊本縣的民謠〈五木搖籃歌〉，歌詞已不記得，意思是：「我是個貧寒人，只怕等不及和心愛的男子共跳盆舞就已死去。我若死去，誰為我哭泣？松樹上的蟬為我鳴叫，或過往的行人在我的墓前獻一束花。那會是什麼花？是清麗的桔梗花。」這般與人世相親，情意無盡，即便死亦非消逝，不過是隱去而已。

日本神道不說死，而說隱。又伊勢神宮每隔二十年重建一回，永遠總是新的，這就是文明的極意。

動物的死只是結束，唯有人的死是可以有所為。明治天皇在位期間，不僅祀奉日清日俄戰爭的戰死者，亦祀奉西南事變中西鄉隆盛❸一黨的戰死者，連南北朝時代的忠臣楠木父子❹這樣隔了幾個時代的亦仍受尊重，甚至連叛亂者如平清盛❺、足利尊氏❻之流亦不被漠視。我想，當今日本人若珍重人生，若想重建人世風景，首先要珍重大東亞戰爭的戰死者。

不染以上生老病死之苦者，就是如來身了。

六

要度四厄這個災難，決不是靠征服，而是靠謙虛以待。幕府末期，日本的大厄大難是西洋列強的入侵。當時看來，要征服這場災難，應是除了

攘夷別無他法，但明治維新卻靠著謙虛硬撐過來。亦即以維新來使自我

❸ 西鄉隆盛（1827-1877），通稱吉之助，號南州，日本江戶時代末期政治家，明治維新領導人，與木戶孝允、大久保利通並稱「維新三傑」，深受朱子學、陽明學思想影響。西鄉身經百戰，後於一八七七年（明治六年）以「清君側」為由發動西南事變，兵敗身亡，但相傳西鄉於事變後流亡到臺灣，不知所終。

❹ 楠木父子一門忠烈的事蹟，在日本歷史垂範千古。楠木正成（1294-1336），明治時代起尊稱為大楠公，為鎌倉幕府末期至南北朝初期的著名武將，一生竭力効忠後醍醐天皇，於湊川之戰陣亡。他在敗戰前留下「七生報國」的誓願，被後世奉為忠臣與軍人的典範，視之為武神。其子楠木正行被尊稱為小楠公，為南北朝時期的武將，繼承父志與足利尊氏對抗，最後仍在足利大軍優勢兵力下敗歿。楠木父子的結局都是在兵敗之時與同胞手足互刺而死。楠木正成「七生報國」的誓願為二戰時期日軍、尤其為神風特攻隊所信奉。

「明明德」，對西洋則認為不妨開港。又當時幕府末代的慶喜將軍對京都的天皇誠惶誠恐，敬畏有加，朝廷亦無罪厚待慶喜，完全是謙虛所致。

孔子曾遭厄於陳蔡之間的匡地。匡地民眾錯把孔子認作素有積怨的陽虎，將孔子團團圍住準備懲罰，當時弟子中有英勇盛名的子路氣得要出手還擊，被孔子阻止，孔子親自下車，坐在路旁的桑樹下彈琴。不久誤解自明，包圍的陣勢散去。據說即使這樣，仍被圍困三天，道阻糧絕。面臨災難，避免當下衝撞，宜虛身以對，求得安然度過才是本領。

尾崎士郎說過，撞了牆也要哼著歌想法子闖過去。這就是他小說寫法的變幻自在。歌舞伎《勸進帳》這齣戲裏的辨慶撒謊闖關，我們也並不會認為那是犯罪。

❺平清盛（1118-1181），日本平安時代後期的武將。平忠盛的嫡長子（另傳說其生父是白河天皇）。一一五六年的保元之亂後贏得後白河天皇的信賴，一一五九年的平治之亂中打敗了源義朝鞏固其地位。一一六七年升任太政大臣（相國），隔年出家，女兒平德子嫁給高倉天皇成為皇后，開創了被稱為「沒有平家一族，其他人就沒法生存」的平氏政權輝煌時代。後來在源賴朝舉兵反平家時因熱病去世。

❻足利尊氏（1305-1358），是室町幕府的第一代將軍本名，鎌倉幕府滅亡後，由後醍醐天皇賜名為尊氏。一三三三年，尊氏奉後醍醐天皇之命起兵倒幕，一舉攻下京都六波羅府，鎌倉幕府滅亡。一三三五年爆發「中先代之亂」，尊氏於擊滅捲土重來之鎌倉家北條時行之餘，舉兵反叛後醍醐天皇，在湊川之戰擊敗楠木正成、新田義貞，一三三六年尊氏率軍攻入京都，後醍醐天皇倉皇出逃吉野山，建立南朝政權，尊氏則擁立光明天皇，並創立室町幕府，從此南北對立數十年，史稱「南北朝時代」，直到室町幕府第三代將軍足利義滿當政時，始將兩朝統一。足利尊氏一三五八年病歿，其晚年，足利家內部發生「觀應之亂」。

所以我們至今還教幼兒禮儀，以此養成柔順謙虛，乃是希望使這個孩子一生無災無難、逢凶化吉。

災厄之壁就像過海關，身上業多，要被扣留，只有什麼也沒帶的人才能順利通過。又歷史的災厄也是對人類的考驗，與其擊破它，不如通過才是實在。可是今日受到考驗的人類，只有擊破災厄這個錯覺。

當然，有時對於麻煩之物，絕對要對準時機當下擊破。漢高祖劉邦反秦起兵之初，一日傍晚與數十個壯士一起步行，途中遇見一條巨蛇橫於道上，「這可麻煩啦！」眾人皆驚，止住腳步，劉邦當時雖已喝醉，卻說：「壯士所行，何足懼哉！」便拔劍直前，斬蛇開路。這就是有名的「漢高祖斬蛇起義」。後來日本受蒙古侵犯時，祖元禪師亦如此告誡北條時宗：

「莫妄想，只管勇往直前！」這剛強無畏與柔順謙虛是一種德行，同樣是無私無欲。

但是征服卻是私欲滿滿，之所以令人以為是豪勇，不過是當下擊破的陽剛美德之錯覺而已。

日本人的陽剛來自嬰兒的純真無邪。孔子曰：「詩三百，一言以蔽之，曰思無邪。」我實驚歎於日本民族的詩意和純真無邪，竟是如此的天然。這是因為日本民族沒有「業」。業的有無最能從一個民族的宗教裏表現出來。基督教的原罪、佛教說的無明都是業，日本的神道則沒有那種業。

現在的人自造災厄之壁，並且自己去碰撞。那麼不要造讓人自撞的牆壁不就行了嗎？但對西洋歷史而言到底是不可能，而東洋文明卻是自然而然懂得避免造壁自撞。

日本人家的房間，只要拉開隔槅就能相通，且任何一個房間都通向走廊。即便有牆壁，亦完全沒有西洋建築那樣造作的牆壁和門窗帶來的麻煩。日本房間的隔槅與走廊的隨處可以出入，叫「大道無門」。

在中國，與日本人家及神社建築中的「無」相同的有以前的天子明堂。明堂開向天下萬國，與日月山河無隔，毫無麻煩的地方、走不通的地方及令人感到拘束的地方。這般不造「業」的民族是吉祥的，這就是中國和日本幾千年以來乃至今後永不衰亡的原因。

苦厄中的非得在輸贏中取勝這一樁，只不過是征服之類小格局的想法，遠不及殺身成仁來得意義重大。楠木父子最後因無法擊破敵陣而殉死，西鄉隆盛亦雖在西南起兵中敗陣，但保全了忠義，其人生乃擲地有聲。作為女子，靜御前[7]在源賴朝面前表現出的不屈不撓，乃至舊時民間

---

[7] 靜御前（1165-1211）是日本平安時代末期人物，磯禪師之女，源義經之愛妾，靜是她的本名，御前是古代日本對貴族婦女的尊稱。靜的舞藝精湛，人稱白拍子（白拍子是日本平安時代末期女性的一種歌舞，跳這種歌舞的舞女亦稱白拍子）。源氏兄弟相爭，賴朝為了追捕義經而四處追尋，最後發現義經藏於吉野而前往捉拿時，卻只抓到了靜，在送往京都後就被送去鎌倉審問。同時也被迫在賴朝跟北條政子面前表演，靜故意在詩歌中提到義經甚至稱讚義經，而引起賴朝憤怒。但由於政子的勸解，賴朝只有言不由衷地加以讚美。靜後來生了義經之子，卻被賴朝派人殺害。喪子後的靜與母親返回京都，此後事蹟不見於史冊。

女子臨出嫁，娘家父母授以可揣在懷裏的匕首，表示守身如玉，視身如神，大厄當前不惜以死相殉的決意。這樣的厄和劫對人生而言，成了音樂的節，在中國彈曲唱歌叫度曲，度厄亦如度樂曲。

及至如今，戰時神風特攻隊的精神幾已沒人理解，在電視上聽高校女生說滑翔機駕駛失敗與登山冒險失敗的慘死「不是很好嗎？」，只覺得她們是對上述美德的錯覺。若能明明德，廣布大義於天下，則現在的年輕人或許亦可強大起來。

以上稱作度厄。借老子的話來說即是：「吾所以有大患（厄），為吾有身，及我無身，吾有何患。」

第三回

一

舍利子之句。

舍利子即舍利弗，是釋迦的首席弟子，相當於孔子的弟子顏回。孔子門人三千，其中有七十二賢人，孔子前十大弟子常出現在論語中。釋迦的弟子除一般信眾以外，隨侍在他身邊一同精進修行的亦有五百人，稱作五百羅漢，其中前十八名叫十八阿羅漢，這前十名又稱作無學阿羅漢。無學是視學問為無，是極意真傳。

無論孔子的弟子、釋迦的弟子、士、僧還是日本的浪人，都不是民眾的代表，他們從不依附任何組織，卻能使時代風氣與萬世之道豁然清明。他們從不拘於一切生產作業與權勢地位，且對當世君王與萬民都能謙虛。

現在的民主社會雖有黨魁和上司，卻沒有師；雖有同志與同事，卻沒有朋友。民意代表什麼的都是依組織行事，既不親切，又缺乏時代生機。日本有從這種不完善裏興起的新興宗教信徒，連他們都要依賴組織的力量，這樣倒不如恢復浪人的傳統。

中國的革命是因為沒有士而墮落成了共產黨員。印度則把甘地與尼赫魯等人看成舍利弗與目犍連。日本的民主政治，若沒有了浪人的傳統，也就沒有任何風情。如以芭蕉亦是浪人來看，孔子與士，釋迦與僧，聖德太子❶與浪人，亦各自有其因緣。

且說舍利子本是五印度❷的智慧（知識）第一人，屬外道。當時印度被波斯佔領，所有稱得上真實的真實、稱得上信念的信念，都已崩毀，知

❶ 聖德太子（574-621），本名上宮廄戶豐聰耳皇子，別名豐聰耳、上宮王，日本飛鳥時代的政治家，推古朝改革推行者，一生篤信佛教，曾為《妙法蓮華經》、《勝鬘經》、《維摩詰經》三經作注，為《三經義疏》。

❷ 即《大唐西域記》中東印度、北印度、西印度、南印度、中印度的合稱。

識分子們只知玩弄知識，否定一切。舍利弗亦懷著這個意圖去釋迦的道場踢館，終告敗退，且從釋迦處學到了對真實的肯定，成為其弟子。

此後舍利弗奉師命出來降伏外道，勸化眾生，致力於破邪顯正，所向無敵。於是有一天，在路上慘遭外道暗殺。其師釋迦聞此消息，從精舍率領五百弟子在野外尋得舍利弗的遺體，眾弟子肅然圍成一圈，釋迦說：「汝大舍利弗，大勇大智，大慈大悲，汝見眾生，如作與汝同樹之枝，汝之生涯也盡，壯士赴戰場，如往盛筵。」

日本亦有吉田松陰❸死於非命，祀於東京世田谷區松陰神社，就那樣做了神，與舍利弗成佛是同樣的事。

般若心經是釋迦為其第一門人舍利弗而說的，此所以極為大乘而又簡潔。

二

色不異空，空不異色之句。

色即是造形，空依造形而表現。空是被創造之物，非自然界的空間。書法與篆刻不只是因布白（線與線之間）而生空，線條本身即是空。日本房屋的柱子，富士山的岩石、砂子亦都是靈氣的存在。武術高手的身體本

---

❸ 吉田松陰（1830-1859），日本江戶時代幕府末期志士、明治維新先驅者。

身就是空。能樂的舞台上只擺放繪有一棵松樹的屏風，只是裝置少而非空蕩，正因屏風本身即是空，所以沒有不足。

若沒有松繪的屏風，則無法表現舞台的空。茶道亦是如此，茶碗茶杓都是空，是靈氣的存在。沒有那樣的造形亦不會有空。

也就是說靈界俗界不二，所謂佛法現前，這就是東洋文明與基督所說「凱撒的歸凱撒，上帝的歸上帝」之不同。

但空必是造形的，造形卻不一定是空。離開空的造形就不是文明。

上回演講時，在去名古屋的新幹線車上與同行的鍋山貞親[4]氏交談，他說：「古人的文章字字句句都圓滿具足，相對今人寫的東西只是把文字當做表現的工具，工具是受限制的，不管怎樣使用都有所不足，所以寫出大量無用的東西。」

這不只是寫文章，所有的事物都如此。現代人的衣食、住宅、車與器皿種種全無蓄含，再怎麼豪取競逐，亦永不饜足，即是因為其各種造形沒有達到空。空不是空虛，而是蓄含的無限。現代的物的造形都只是表現的工具，卻不知物自身即是表現。工具是屬性的東西，不管是屬於凱撒還是屬於上帝，總歸只是無謂的。

❹鍋山貞親（1901-1979），日本社會活動家、第二次共產黨領袖，筆名大川權三、石橋庸五、島崎孝次、豊崎伍一、須田麟造等。

沒有「文明與其造形」這個說法，因為文明即是造形。神前祭禮用的獻饌，賓禮中主客之酌和禮儀纔是人世的空之色。懂得這些，則朝廷亦應政簡刑輕，使萬民勤儉樸素，人人惜物惜情，而光明無限。

三

色即是空，空即是色之句。

「色不異空、空不異色」聽似空與色為二，「色即是空、空即是色」則又說空與色是一體，空與色非一非二。這對新時代的創造者而言，無論如何都是可貴的醒悟。

文明與造形為一體，則造形崩壞文明亦崩壞，不會有下一個新造形。但文明應不會壞，即使在日本戰國時代那樣的亂世，日本文明亦沒有隨之消亡。

又或者說文明與造形為二，造形應可隨願望去訂做。但像明治維新那一場，其造形竟是出乎當初攘夷尊皇的志士們的想像。

以中國為例，南北朝時代是儒家所謂的「道喪文敝」，實則並非如此。又說唐朝引入西域文化的方式，既生硬又不純，作為中國文明的造形，後來宋朝的文物毋寧更加貼切，但亦絕非如此。

日本也是，王朝時代與明治維新相比，哪個時代的日本文明的造形較為純粹，這也實難斷言。文明與其造形非一亦非二，而是在似有若無機緣中自有天意。

今是中國和日本都要重新建國，其政治的造形如文章，是天授而非創作。

受想行識，亦復如是之句。

受是接受，天生我，地養我，父母與世人教育栽培我，我只是個承受者，也覺慶幸。因此天地與父母世人皆有恩於我，應感激慶幸。東洋文明的歷史發展就如這種感激與慶幸。

現在所說的承受者，主體是「我」，與西洋唯物論所說的「受物質的宇宙支配」不同。唯物論中「我」不是主體。又與西洋唯心論所說的也不同，唯心論認為沒有從天地萬物承受任何東西。唯物論與唯心論都無感激與慶幸，所以西洋沒有像報恩寺的法會那樣的東西。

所謂接受，務必自身謙虛始能接受。現在的教育方法，如果只是一味的討好學生，將使他們若非受制於外物，便是予以反彈，在培養優美的接受上一無所得。正因為拙於被動的接受，所以拒絕許多東西，但又貪求許多東西。近來文學的粗俗化總崩毀，就是這最大的惡果。

《老子》與《孫子兵法》很慎重地教我們如何身處被動。動物發出攻擊時強勁有力，一旦陷於被動則居下風，西洋歷史上皆從征服開始，一旦淪為被動就完了。英國的全盛時代亦這樣一去不返，美國今是在越南陷入了困境。

權利與義務的觀念一旦成習，就會喪失「受」。有中國的基督將軍之稱的馮玉祥曾在旅美期間看到，美國人的兒子在星期六探望母親時，因在母親那裏吃了午餐，馬上以劈柴的勞動來回報母親，這種權利與義務的毫不模糊，馮對國民教諭云，這是現代人的獨立精神。但像這樣沒有受，沒有感激與慶幸的民族，其歷史前途是不值一談的。

最高的接受是無緣故的接受，最大的恩是無心之恩，不落於權利與義務。天地生我育我沒有任何目的，父母對我的慈愛亦絕不是施恩。這即是無心之恩，效仿西洋的父母對子女的義務云云是令人不能苟同的。

我們不是因權利而接受天地與父母對我們的義務，而是沒有任何理由地接受他們的恩。又我們亦毫無理由地接受著世人的好意。這即是無緣故的接受。佛僧的托缽接受人家的布施亦是無緣故的接受，決不以劈柴的勞動為義務來回報，無緣故的接受使布施的感激與慶幸之花在世間盛開，所以布施之受亦叫慈悲。

我亡命日本期間，日本友人支持我的生計，其中也有以現代人的想法，為免我誤以為是生活資助，特別用座談乃至國際事務報告之類的形式付酬，給我各種關照。其實，我即使對最要感激的恩人亦完全超越了權利與義務等關係，只是無緣故的坦然接受，連節日的問候與謝函都不發。孫文與頭山滿[5]等人當時更不消說也是如此。

現代人認為光靠租金與月薪，或是憑福利國家的權利義務的保險即可萬事無憂，大可不必從別人那裏接受恩情，要說有什麼值得感激的，頂多只是商店裏的折扣優惠價，他們不認為接受過世上的任何好意。他們對天皇、富士山、神社的祭祀等皆無感激，連男女亦不斷對對方失去感激，對花對月，對衣裳的設計等一切事物漸漸失去領悟與愛意。這是當今的世態。

不限於受恩，只要看到美好的事，就感同身受，只覺歡喜感激。明治維新史的創造不光是西鄉隆盛與勝海舟[6]等英雄豪傑的這種感激的情操，更是當時所有世人的感激的情操。比起效仿西洋的憲法，《尚書・洪範》與聖德太子的十七條不講權利義務，更是我們中國與日本的建國精神。

受不光是受恩，亦指承受侮辱。與現在的年輕人受委屈後立刻本能的反彈不同，古代武士面子受損時，有時亦不能當下拔刀斬殺對方。不得已而受侮辱，這種受侮辱是比受恩更難。

孔子說「以德報德，以直報怨」，那是事後的態度，問題在於平白受

❺ 頭山滿（1855-1944），日本二十世紀初右翼政治領袖、軍火商，給予孫中山等中國革命黨人大量金錢援助。

❻ 勝海舟（1823-1899），名義邦，號海州，又名勝麟太郎，江戶末期開明政治家、海軍負責人。

侮當時的心情，能無怨無悔嗎？佛經裏有個忍辱仙人❼，可這又是什麼呢？

我應好友宮田武義之邀，在高輪泉岳寺的慈航觀音會上，演講與佛教最有關聯的唐朝詩人柳宗元的事蹟，卻深切感到像是在講我自身的事情。

柳宗元的好友王叔文因與東宮太子的關係，順宗皇帝一即位就被任命為宰相，柳宗元與劉禹錫等八人也都官居要職，由於當時唐朝已走向衰弱，他們期望君臣同心來挽回時勢與天命，果斷地奪取宦官的兵權，禁止宦官在宮內買賣，減輕百姓的賦稅，召還被宦官譖廢的前朝名相陸贄，起用忠直之士陽城為諫官，政治立時重歸清明與威嚴。宦官們憤恨之餘用毒藥毒啞皇帝，迫使他讓位於年幼的太子，下一個皇帝即位之日，王叔文與柳宗元即遭貶逐，王叔文不久被處死，柳宗元先後被貶為南方的永州司馬和柳州刺史。宦官的權勢捲土重來，當時史官的記載與文化人的輿論一致對王叔文一黨柳宗元等口誅筆伐，韓愈亦是其中一人。

柳宗元只有被動承受世人的非難，毫無辯解的餘地。即便如此，他仍以文章萬古留名。及至後世，蘇東坡敬佩地說，「柳宗元的詩婉麗純正，在韓愈之上。」但連蘇東坡亦在寄給某人的信上評論柳宗元為「肆無忌憚的小人」。唯范仲淹一人，重新查閱史實，稱王叔文、柳宗元等人是正當的。范仲淹不愧為詩人且又是大政治家。

❼ 釋迦如來，於因位為忍辱仙人，修忍辱之行，為歌利王支分其身。事見《金剛經》。

世上公認柳宗元最難得的朋友韓愈，在文章上雖是泰斗，可政治目光非常短淺，因一度被貶官，甚至懷恨這是王叔文一黨對自己不友好所致。韓愈愛惜柳宗元的才華，同情柳宗元的遭遇，傲然勸諫柳宗元的親近佛教，最後還為柳宗元廟作碑文，但他在另外的著作《憲宗朝實錄》中將柳宗元的名字列入王叔文一黨，並毫不客氣地攻擊其為「陰險小人」。神廟碑中有「中原之人道君是非」一句，韓愈自身即是中原一人[8]。韓愈是人所公認的同時也自認是儒家大師，他且被公認是柳宗元最大的知己，他的攻訐對柳宗元尤為不利。

我讀過幾封柳宗元給韓愈的回信，非常感慨。他對韓愈表達了適當的感謝，但沒有任何多餘的情緒。他四十九歲在柳州刺史任上臨終時，對柳州百姓留下遺言，「若吾死而為神，可建廟以祀我」，對自己一生的莊嚴與清明懷有一種自信❾。柳宗元的是非歷經千年猶難定論，那不也是很好嗎？

我因與汪精衛先生的關係，比王叔文一黨的柳宗元更是被動地遭受世人的非難。在被動中反省自身，懂得人事真實，天道悠遠，我為宮田氏的《柳州羅池廟參拜記》題書、

❽此神廟碑即《柳州羅池廟碑》，查原文，此句應是「北方之人兮為侯是非，千秋萬歲兮侯無我違。」

❾韓愈神廟碑《柳州羅池廟碑》中道「嘗與其部將魏忠、謝寧、歐陽翼飲酒驛亭，謂曰：『吾棄於時，而寄於此，與若等好也。明年吾將死，死而為神。後三年，為廟祀我。』」

人謀竟不敵天意
惟有南荒水石知
今日好風來遠客
是非已盡讀韓碑

承受侮辱之身謙虛而不卑屈，這即「受」亦是「空」。

我認為中華民族承受來自日本軍部的侮辱、輕蔑與恫嚇，直至最後接受挑戰，其堅忍的承受度是偉大的。同樣的，日本民間敗戰當時受到的侮辱、非難與苦痛，其堅忍的承受度亦是偉大的。梅田女士說：「敗戰後的兩三年間，日本人變得實在謙虛，這筑波山附近的百姓甚至說，就連小至爐灰這樣的東西，都屬於麥克阿瑟元帥，他們是如此心無一物的謙虛。」

這就像柳宗元的詩一樣婉麗純正，柔和美麗。今人愛說現在是福利國家的時代，民主的時代，認為大可不必受恩受辱，但比起個人，誰敢說整個民族哪天不會再度成為殘暴對待的承受者？

幸而我們歷史上不曾有過奴隸社會。西洋因奴隸社會之「業」，不可能有受恩受辱的美德。現代的所謂福利國家社會亦是業，為此日本人是連原先擁有的承受之美德亦逐漸喪失。

天子是天之子，是天命的承受者。日本女子之美，亦在於承受者的恰如其分。衣食之事叫祿，即如靠自己力量勞動所得之物，亦是天之恩賜、祖先之恩賜，我們對此接受，單憑領受的歡喜便能夠人神相通。

五

又說**想**。想是思考，是思，是慕。

思考有歸納的，有演繹的。例如應用科學是用歸納的思考方法，而原理的發明從「無」產生，靠自然地流露，別無依傍。拿文學來說，其文章脈絡是組織的，而詩意的部分則是「無」的流露。

世界知名的物理學者湯川秀樹博士這樣說：「今日的自然科學界是研究過密（研究的團體過密，研究的人數過密，研究的集會與報告過密），研究的資料亦過剩，原理發明的天才卻萎縮了，只剩應用科學的逕自騷亂。」

又國際有名的數學者岡潔博士說：「演算不是數學，現在的功利主義教育使數學萎縮了。」學生中亦有提出這樣的意見，是否該把以往的演繹法數學改革為歸納法數學。對此，岡潔先生答以「愚蠢」。

也就是說，只考慮事務性的應用一面並非歷史的進步，以下棋而喻，只按棋譜來下的不能成為高手。研究過密即是思維沒有「空」，功利性的演算亦即是思維沒有「空」，故不能成就真正的自然科學與數學。福利國家所謂的社會生活之劃一的規定使人類的創造的思維能力全告萎縮，今日教育的功利主義不過是冰山的一角而已。

思考之外尚有「思」。思乃是不思考問題的「想」，以劍道而言，就是「無念流」。見了富士山，好像山容有思，但那不同於富士山在思考什麼。思是空的姿態，是生命的姿態，恰如櫻樹的花枝在微風中搖曳。日本的神道即是這種「思」。

祭祀與日本的一切美術品皆有思，但那不同於有限的思想、主題、意見、主義等等。思是無限的想。大人物甚少思考，倒又對萬事萬物思之滿懷。日本的年輕媳婦清純地一無雜念，無批評無意見地工作，其美麗的姿態就是無限之思。

寫文章也好，從事天下大事也好，比起思考，毋寧說靠的是這種無思考之想，亦即思的無限風姿。

慕亦寫作偲，又有相思之說，是出自親密的想。漢詩中相思的詩篇非常多，這不限於對戀人的思慕，亦有對友人、土地場所以及古人的思慕，也有不限於什麼特定對象的，對現世的思慕。我年輕時的詩作裏有、

蘭花採得遠難贈
明月白雲長相思

即是沒有什麼特定的對象，只是思慕現世的山遠水長。

中國的關內關外，日本京都的城裏城外，都格外令我懷念。不僅有許多史蹟，亦有古人予我們的親近感。我們對諸神亦是懷著這種思慕。

西洋因是奴隸社會，令人不親，唯一的神由於是羅馬皇帝權力的替身，得以留存，諸神卻因與人不親，而終告消失。羅馬與萊茵河畔縱然可見史蹟，亦不引人懷念。英國詩人拜倫的〈哀希臘〉詩篇，在幾不見悼古之情的西洋文學裏算是罕有的，但比起漢詩之與古人有親，以及對天意人事的參悟，實在算不了什麼。如今日本人也盛行觀光旅遊和四處豎立紀念碑，但這個人世卻只有越來越不令人懷念。

日本人本就不登富士山亦對富士山有相思。也有女子可以因踏上征程準備赴死的男友一句特別的話，而永懷相思，終身不嫁。有了相思，人世便迢迢無窮盡。若不知這些就說賦予青年夢想，是沒有道理的作為。

第四回

一

繼續來說**受想行識亦復如是**之句。

行可以成為「業」，也可以成為修行。總之是行我們的「道」。至於會成為修行還是業，要看是否有道，且這道是只有我們自己才能行出來的。

老子說「善行無轍跡」，歷史是朝著未知的境界而去的，《古事記》中諸神所要前往之處未曾有道。只有前往才會生出轍跡。我們今日亦不是踩著古人的道而行，我們所行的前方尚未有道。道總在不斷生成，道即是修行，而不是依「道」修行，所以是「空」。道一旦成為轍跡就落為「業」。

我亡命當時所到之處完全無路。終戰當時的日本民族，可說前程完全無路，但總也一路行了過來。不過，如果認為這一路行來是道，譬如遵從憲法，就只會立刻落為「業」。

業不限於惡事，善事若是成了業則不好。因為業不是空。因此不循芭蕉俳句之道的佐藤春夫的詩是很好的「行」。明治維新之行即是創造本身。然而創造一旦侷限於議會、帝國憲法乃至教育敕語等就立刻墮入了「業」，遂釀成大正昭和之禍，何況敗戰後所行的憲法之「業」。

《維摩詰經》說，「佛說法已，天女散花，飄著諸眾身上，惟不著佛與觀音菩薩文殊菩薩及維摩詰居士身上。」在明治天皇的皇威下推行的維新運動亦恰如佛說法已，教育敕語等都是像天女散花一樣可嘉的東西，惟不飄著於明治天皇與西鄉隆盛等人身上，而飄著於諸眾身上因而成了「業」。成為「業」則無法避免生死輪迴。不僅議會，連帝國憲法與教育敕語，都造成了軍閥的腐敗。

由此來看應能明白西鄉隆盛的真正價值。西鄉不滿足於維新的成就，在看似做了多餘之事的西南事變中身亡，正如《易經》之語「天地未濟，大明終始」。木曾義仲❶又與西鄉不同，芭蕉之所以心儀他，也是由於他是連朝廷與神佛之業亦不沾身。

連今日共產黨之事，比起蘇聯已完成的業，中共的未完成更能牽動日本青年的心，即中共所行之事尚未成為轍跡。第二次世界大戰後美國與蘇聯在世界上所做的事都已墮入了業，致使創造力總萎縮，已經難逃生死輪迴，所以中共的行為看起來反而更闊達。

二

要走向歷史未知的境界，當然要有冒險的覺悟。保田與重郎先生說：

「芭蕉之旅有其覺悟，當時的人們認為從伊勢參拜與江戶之旅平安歸來是受神的庇佑，是生命中僅有的一回，有無窮的感激與歡喜。」我今住的多摩川福生市，曾有明治時代的俳人友昇出門旅遊就此不歸。

前日新聞報導，據外務省有關人員稱，日本有些年輕女性，抱著到了那兒總有辦法的心情去歐洲，結果走投無路，只得求助領事館，被告誡怎

❶ 木曾義仲（1154-1184），原名源義仲，與源賴朝、義經為堂兄弟，為日本平安時代末期著名的武將。木曾義仲在源平合戰中大敗當權的平氏一門，威震四方，人稱「旭將軍（或朝日將軍）」，一度有君臨天下之勢。但由於年輕氣盛，加以特殊的成長背景下所形成的驕傲粗暴性格，之後眾叛親離，迅速敗亡，死時纔三十一歲，是日本傳統的悲劇英雄之一。

可如此輕率冒險。話雖合乎道理，只是人類的歷史仍在此類教導與告誡的框外。我們的文明始終不失莊嚴而豪華，總能在生死成敗之境始悟得絕對的事物。以現代福利社會這種萬事受到保障的合理主義行事，固然可以維持庸俗的營生，但那與文明是兩回事。這種行達不到「空」，是歷史的無法行向「無」。史上許多前例顯示，社會生活分明一片榮景，時勢卻崩毀而去，原因正是在此。

空的修行不拘於方法與目的，亦可說是無為。無為並非無作為，而是無之作為。只依方法與目的而行，因過於無趣，遂而成了今日少年失足的原因。而在無需冒險的社會裏，魯莽登山的事故時有發生。還喜歡棒球的勝負，與暴烈的職業摔角。生命的發揚在於空的修行，今日的情狀由於矇混了這個需求，以至從歷史的建設中脫落，只讓人想起羅馬帝國末期的競技盛景。

水野勝太郎只以浪人之行走向東南亞，他說自己一無用處，惟以好意而行。我曾經感佩他這是現代非常可貴的空的修行，又是至難的修行。《莊子》第一篇是〈逍遙遊〉，日本王朝文學中就把要去做什麼叫玩耍。

行是空，所以同樣的行也因人而異，不應一概地批評與裁判。至人之行不落罪福，超越賞罰。素盞嗚尊❷之行，不是孰善孰惡這種小格局判斷所能定義。連大東亞戰爭之行都應該是反省的，而不該是批判的。天下大事之行亦如戀人之行，難以立刻分清真誠與戲弄的纔是好的修行。今見了

❷ 素盞嗚尊是日本神話人物，天照大神的弟弟，以負面人物的姿態出現在《古事記》中。

中共之行，我亦多有反省之處。

孔子對老子十足欽佩，讚美說：「魚，吾知能游；鳥，吾知其能飛……吾今見老子，其猶龍耶！」至人之行不必有始末，其變化不拘於旋律，無始無終。法國一位音樂家在日本聽了雅樂，驚歎不調和音的用法。我亦是聽了孔子作的〈幽蘭〉琴曲，對其分不出始終的地方備感欣賞。不調和音的運用是日本神道的常新，其無始無終就是天地未濟。大人之行即是如此。

無為是空之行，又少行纔是當然。行應是越好越少，譬如圍棋，段數越高，奕局越少。越是名刀，越是用少。神之行更不多。現代人的多忙，是因為今日的政治與文學等都像是下臭棋。產業越進步，就更應有空暇，連餘暇都非常忙是因為不懂得無為。又說工作的刺激是老人恢復活力的秘訣，但畢竟不如無為，老僧永持，因空之行而生機活潑，沒有停滯，由此來看即可明白。松壽千年，在其靜而少動，靜靜地亦使生命得以永持。

天下應無為而治，今日更該如此。

三

識亦是如此。

識有八種，眼耳鼻舌身意六識與末那識、阿賴耶識，並稱八識。

眼耳鼻舌身意六識，有相輔相成發達下去的，也有逐漸鬆弛減損的。我自己幾年來很少看電影，很少讀書或做其他什麼，倒不是倦怠，想來劍道的無刀流就是這樣。

只道無情卻有情，看似不識卻相識。唐詩、

君渡妾搗衣
篙影拂杵石
同居長干里
生小不相識

（年輕男子渡江，篙影拂過我的搗衣石砧，同住江邊村，卻從未打過一聲招呼，那是因我仍是個年幼的女孩。）這樣似有若無的情愫，才是戀情的最高境界。織田信長與豐臣秀吉行天下事以及與世人的因緣亦如這樣，再要高談憂國憂民那種慷慨悲壯，就是多餘的情緒了。

又末那識是在六識形成之前，是生命本身。蚯蚓連神經都沒有，但是有某種識。及至人類，雖有所不知，亦可以分辨出對自己有益的東西。譬如中藥的發明，雖有神農嘗百草之說，亦大概什麼都沒得參考，與蚯蚓的沒有神經卻能識得泥土對自己有益相同。

玉蜀黍為應對午後的颱風來襲，早晨早早地垂葉以待。螞蟻在洪水到來前好幾天就準備避難。乃至海豚的敏感，與其用電波與雷達來解明，大概還是無所依恃的末那識的本領。兩千年前就已知道原子，又知道那麼多中藥，幾乎沒有任何可依恃的，這種天慧才是人類應該仰賴的。

論智慧，太空船的發明無法與數學的發明相比，飛彈發射無法與弓箭射擊相比。射箭時的「中」可以做到絕對精密，飛彈發射則不可能。又、今日的原子能利用當然更不能與希臘時代的原子發現相比。太空船與原子能的應用令人癡迷，但還應有比這更高的智慧，抹卻那些智慧只能導致歷史的墮落與衰退。

生命即此識，不必依靠神經都行得通的這個末那識，到得高等動物身上，雖被眼耳鼻舌身意六識所覆罩，到了關鍵時刻，仍能發生作用。射魚用水柱擊落飛蟲，栗鼠飛躍樹枝之間，人類的射箭、空中飛人盪鞦韆，乃至發現數學點與線，其絕對精密俱是此識，亦此精密。又如玉蜀黍能夠遠距離感知颱風來襲，人類亦能隔著天涯海角感知親人的戰死。

昆蟲應不知保護色為何物，卻識得運用其保護色。人類對今日社會生活狀況既已無所不知，那麼能否進一步識得原先完全無所知的做法呢？太古人類遭遇洪水，識得了原本毫無所知的對應方法。《莊子》中有「齧缺問於王倪，四問而四不知，齧缺因躍而大喜。」不知之識反倒最是足以信靠。

四

末那識即是潛意識這一說法並不恰當。倒不如說存在主義哲學所言與末那識有某種連契。又流行語所說的第六感亦是一種莫名所以之感。《老子》中說的魄最是與末那識相契。

生物的原始，尚未形成外肢內臟，沒有大腦沒有神經時，就已經有識，有中心。隨著進化從生命的這一中心開始，形成外肢內臟，形成性別，直到具有神經與頭腦，但生命的中心還在原來的地方，即在肚臍以下一寸叫作丹田的地方。生命，亦即此識的這個識依然存於丹田。這個識即是末那識，與五官和大腦無多大關係，仍暗自運行，《老子》稱之為營魄。沉氣於丹田，沒有任何雜念與游離，將丹田的這一脈「識」，保存再喚醒，使之生發，即是修行，即是老子所說的「載營魄抱一，能無離乎」。

發掘這個識，使之生發，足以形成驚人的神通力。合氣道的絕招，大地震與大空襲的預感，直覺血親將有什麼不測，又對初到之地似曾相識彷佛有某種因緣，等等，即是佛經中說的天眼通、天耳通、他心通、神足通和宿命通等五種神通力。中國人用魄來稱末那識之後，那種神通力遂稱為魄力。

但並非說這些神通力就是佛法，譬如馬戲團的空中飛人、能以腹藝騎乘的自行車手，未必即是有意思的人。在政治界與財界所謂神通廣大的實力者，多的是沒意思的人。中國人的說法是「雖有魄力，不聞大道」。大道就是阿賴耶識的意思。

阿賴耶識是解脫之悟。末那識與阿賴耶識並非佛教術語，而是印度的古語，如中國語的魂魄，若「魄」是末那識，則「魂」即阿賴耶識。又如日本語的荒魂、和魂，若「荒魂」是中國所謂的魄，則「和魂」就是中國所謂的魂。又中國所謂的三魂六魄，三是陽，六是陰，不外乎陽魂陰魄。日本的「幸魂」、「奇魂」之說亦與和魂、荒魂之說無異。各民族的這種語言，是何時何人所造，無從得知。《易經》很少出現魂字，《老子》亦很少出現魄字，《論語》則完全不觸及魂與魄。日本的《古事記》亦沒有關於荒魂和魂之語，只在《御靈傳》中可見。釋迦的佛經亦不觸及末那識與阿賴耶識。論師們出現，在《成唯識論》裏大談末那識與阿賴耶識，則是後來的事。

總之，無論是印度語的末那識與阿賴耶識，還是漢語的魂魄，日語的荒魂和魂，都與西洋所說的撒旦與上帝有著根本的不同。西洋人魂魄不全，只有所謂的soul（靈魂），雖有魄而無魂，所以西洋人不可能有解脫之悟。

劃時代的哲人所用的語言，都有其獨創性意義。如孔子說「仁」，釋迦說「涅槃」，且孔子與釋迦都不拘於其民族語言，而能出入自由。《論語》以人事、性、天道來代替魂魄等語言，釋迦的佛經以生死解脫來代替阿賴耶識等語言。可以說，民族的語言與哲人獨創的語言都存活在此。

無論生命有多大的神通力，卻如勇士舉不起自己的身體，人不可能超越自己的生命，而阿賴耶識則是連這生命都有可能超越的一種參悟。

生命亦有形，有形即有限制。一切有形之物必要毀壞。生死輪迴的不愉，祇園精舍的鐘聲裏，對無常的悔疚，即使說現代人不在乎這些，一旦事到臨頭，仍不免感覺懊悔。或者將這些事交給諸神如何？不過，敬拜神、與神遊戲都好，但唯神命是從就沒意思了。孝順父母也是，要我們一生不墨守父母之言，纔是可喜的。

如今佛教與日本的神道，或中國的黃老，幾乎把同樣美好的東西全教給了我們。佛教認為生命是苦，但只要把生命視作無，亦即擺脫生命的侷限就好了，這就是所謂的「無生忍」。日本神道以「中今」行事來教人，認為當下便是一切，沒有未來與過去，只有此生一息的生命，即沒有生命的輪迴❸。中國黃老所教的是創造無限，無限江山無成毀，無限歲月無生死。我讀陶淵明與李白等人的詩，非常喜歡「悠悠千載上」與「樓前迢迢是天涯」等句子。

這即是釋迦的成「等正覺」（無上正等正覺），以識來說就是阿賴耶識。至此末那識的神通力亦開始變成菩薩行，乃至眼耳鼻舌身意六識亦如花映水。

五

舍利子，是諸法空相，不生不滅，不垢不淨，不增不減。

諸法空相即是說文明的諸多造形。戰後的日本遍地污染，仍能在某些

---

❸「中今」是日本神道的一種歷史觀，時間永遠流逝中的「今」不單單是時間上的「現在」，而是從神代繼承至今。

角落遇見一些驚奇的美好事物。前此委託義仲寺寄來的木曾義仲像的照片，著實可貴。連不知日本歷史上這個人物的內人，都高興讚歎說「相貌真好」。沒想到當年苦戰沙場、豁達無比的木曾冠者，竟是如此溫柔。岩石若浸入春水，就與花影同樣柔和。源平二氏的天下之爭以及巴御前❹之事已成空相，這個木曾義仲之木雕像亦是依空相來表現的。

我知道舍利弗當年的事，今在佛寺祭拜舍利弗像，為其容貌之溫和感動落淚。

日本文明之諸多空相，除了雕刻與繪畫，還有茶道、能樂、文章，又上至朝廷之事，如今都一一崩毀，我想首先應從政治開始重建。

西洋史上的「業」，一種是奴隸社會，另一種即所謂的福利國家。使西洋人受重傷的奴隸社會，可說是當時生產力的結果，也可以說某些地方對生產力有益，但中國與日本當時雖擁有相同的手工業生產力，卻不曾陷入奴隸社會。今我們指責福利國家亦不是否定現代生產力，而是說應以其生產力創造文明國家。

產業亦是色，它必在空相即文明中造就。福利國家不是空相，也不是文明，所以今天的詩與文章不斷淪喪。要恢復人世的風情，唯有體認到政治的空相，重新悟得王道蕩蕩，八紘為宇。過去日本的大東亞戰爭，又今日中共的世界革命，都不過是錯覺，歷史的前程唯有靠此醒悟。

---

❹巴御前是木曾義仲的愛妾，容貌出眾，武藝超群，輕易便可奪取敵將的首級。

還有經文中的不生不滅一句，即是說沒有終始亦沒有成毀。譬如數學的點即是不作、不毀，是沒有始終、沒有生滅的。

《紅樓夢》中林黛玉與賈寶玉第一次見面時，兩人都驚奇地感覺好像在何時何地曾見過，好像今日不是第一次相見。一對戀人相見歡喜，不信今日如此與君相逢是真的，必定是前世的姻緣，甚至幾千年幾萬年前就已經與君相識。這即是無始，是不生。若無始，則亦應無終。瀟湘竹上淚斑斑，四千年前娥皇女英二妃與舜帝之戀彷彿是今朝之事，這即是無終，是不滅。

仿傚西洋的現代人難以想像，我們中國與日本的文章裏，戀情竟也如此空相。不僅如此，日本神道的「中今」儀式尚視「大上段」❺為無始終，表現著不生不滅的空相。

空相是既不污濁，亦沒有潔淨。這就是不垢不淨。小孩即便滿身污垢，筑波山身穿勞動褲的農婦即使沾了泥土，亦沒有不潔之感。讓孩童與女人收拾得太過漂亮乾淨令人不安，倒不如任其保持原樣不垢不淨得好。明治當年的政治家的豪華，以現在的政府規章來看，或許會認為貪污，那卻是不垢。玄洋社與黑龍會浪人的作為對頭山滿來說即是不垢不淨。老子說「大白若辱」，汪精衛先生的對日和平運動亦是如此。

男女之間，若視身體為空，則如花似水，應是淫猥、漂亮潔淨一概不

❺ 大上段，日本劍道的一種架勢，即揮刀下劈。

沾。和泉式部[6]雖遭後世儒者惡評為不貞，但她畢竟是不垢不淨的。

西洋文學中一個人身上混雜著善惡、淫穢與聖潔，恰如西洋音樂的低音與高音混合，該說是神的跌跤呢，還是獸的嬉戲，就只見物的一片喧囂，全然不知空為何物。

都市的自來水，清潔不清潔很清楚，即使以藥物淨化，亦已不是真水的味道。真水毋寧是不垢不淨的。防止大氣污染與淨化核能等都是沒有空的文明觀念。

我曾請教過年輕的陶藝家塚越孝明。他看到一件明朝的瓷瓶，驚歎地將它與朝鮮瓷日本瓷相比，說明了各自的白色。其中最好的白色是色亦無色，至高的淨亦如此，是不垢不淨。

又說不增不減。科學無法做到絕對精密，太空火箭的命中率不可能沒有誤差。對此，數學則是絕對的精密，這是因為數學的點、線是空。因為數學的點有位置而無面積，它的增一點減一點都是不可能的，故說不增不減。

西洋哲學的辯證法，一個個體內包含了矛盾的統一，因不是空，而只能求得相對的精密。在西洋，大地上總是缺少什麼，天上全能的神所擁有

❻和泉式部為日本平安中期女詩人，中古三十六歌仙之一，冷泉天皇皇后侍女，後嫁與和泉守橘道真。終其一生，與貴族之間的戀情不斷。

的又多到剩餘，算不得不增不減。印度的因明學，即其辯證法《因明入正論》中說「至成極定」，即是求絕對的精密。中國的〈大學〉說「止於至善」，又〈中庸〉所謂「中」，至善與中，即是沒有過也沒有不足，是不增不減。

宋玉的賦裏形容東鄰處子的身高「增一分則高，減一分則矮」，有無限的人世，無限的戀情，纔有如此絕對的肯定。

李白的〈烏棲曲〉與蘇東坡的〈赤壁賦〉，都不能增一字減一字，或是以別的字來替換。古今著名的繪畫與書法，其布局、點線的位置疏密、墨色以及金碧粉彩的濃淡深淺都是絕對的，不許有分毫增減。若要詰問這是依什麼標準，則可以說那是與所謂的標準完全無緣的東西。

歷史的發展常在擦肩而過的毫釐之間。差一點織田信長就敗於桶狹間，差一點明治維新就沒能成功，差一點聖德太子與芭蕉就沒有來到世間。天意的不增不減是偶然的，是歷史的幸運。

東洋的音樂所說的正音，並非靠著音叉只測量振動次數隨隨便便決定音階，它本身即是至正極成之音。一旦奏出此音，則沁入人心，沁入雲天、滄海與岩石，神明亦能聽見。因此，一音即能成樂。衣裳有正色，飲饌有正味。原來日本的神社、朝廷，乃至民間的事事物物，都經由那正音正色正味展現人世的真實，不容有絲毫馬虎敷衍。

現在所謂的美術的感覺啦、合理的核算啦，都沒有到達空的境界，不可能有絕對的造形，只無謂的在設計上加加減減，失去了正音正色與正味，亦矇蔽了人世的真實。又今日的政治亦以民主方式互相抵消意見，虛應故事，錯以為電子計算機就足以應付一切。沒有至善則沒有天意，只是徒然使民族的命運淪入無常。

第五回

一

是故空中無色，無受想行識，無眼耳鼻舌身意，無色聲香味觸法。無眼界，乃至無意識界之句。

貓完全不看電視裏出現的老鼠，禽鳥與麋鹿也缺乏對自然界的美感。人因眼耳鼻舌身意之色與受想行識的巧妙組合，始能形成一個世界。但是這個世界是受到侷限的。進一步參悟，就能展開一個無所侷限的世界，海闊天空，一片悠悠無盡的空的風景，這就是文明。

《維摩詰經》說「相好莊嚴，色相第一」。《華嚴經》亦說如來現相，山河大地皆成佛境，有眾香國土，有金蓮之花，空中有寶幢雲紛紜，可聞妙音聲。又如來之相被稱作寶髻妙目，三十二相與八十種隨形好具足，這即是「色」與「受想行識」到達了空的風景。中國文明亦是《禮記》記載了太平世界中，天降膏露，地出醴泉，龍現慶雲，鳳棲梧桐，星辰、山河、人家皆成風景。又如日本，我只在前此京都洛中洛外屏風展覽會上，感受到了這種相同的文明。

西洋人沒有這樣的空的風景。他們的受侷限的世界使人感到無聊而不真切，亦不能以哲學來求證，畢竟因耶和華的不可拜偶像而絕望，無能於空的造形。

眼耳鼻舌身意與色聲香味觸法，若達到空，就沒有眼界乃至意識界的界限。隨著火箭太空船，眼界乃至意識界想必已達更高更遠的地方，但心經卻說同以前沒什麼兩樣。李白和芭蕉的〈詠月詩〉就沒有這樣的界。所謂界，猶如神社的柵籬或尋常人家的疏籬，實際上不那麼嚴謹隔離比較好。

二

無無明，亦無無明盡之句。

無明是宇宙的大黑暗，我在終戰之後面對大難，纔終於明白這兩個字。

終戰後汪政府的有關人員憂懼交加，接獲重慶的蔣介石委員長的聯絡，安撫他們不必擔心，下令大家各安其位，維持地方秩序，等候重慶軍隊與政府機構到達，於是他們別說抵抗，連逃也不敢。一個月後，蔣介石見重慶軍隊與政府機構抵達了南京、上海、北平、漢口、廣州，突然下令逮捕，將成千上萬的汪政府有關人員入獄，審判，處刑。我雖早已逃離，心中仍長久縈繞著對同僚們的哀憫。

因此我想起前人的一則筆記。說狻猊以猿猴為食，聽到狻猊的吼聲，猿猴驚恐之餘，竟來到狻猊的面前，蹲下來受其控制。狻猊檢查著一隻隻猿猴，以石為標，放在那些肉肥的猿猴的腦袋上，猿猴戰戰兢兢，惟恐石頭掉落，一動不動地頂著。待檢查結束，其他猿猴四散而去，留下的幾隻頭上托著石塊等著輪到自己被吃。為什麼不逃呢？汪政府有關人員也同樣這般無明得令人哀痛。

又、前人筆記裏有狐狸用咒語捕食雞的故事。狐狸偷偷潛入院子，雞就驚慌地跳到樹上。狐狸不會爬樹，仰頭一邊睨視樹上的雞，一邊在樹下打轉。雞焦急憂慮，從樹上俯視，戒備著狐狸轉圓圈的舉動，不敢鬆懈絲毫，末了終於昏眩而至身體失去平衡，吧噠一聲掉落在狐狸前面，被狐狸叼走。

這個故事一鞭抽醒亡命中的我，令我領悟，那就是先別落入禁忌，務必以機智避免受捕。我想起明朝建文帝的事，心境登時明亮起來。建文帝敗於叔父燕王（後來的明成祖）之叛軍，在都城陷落之際，身邊只有兩個大臣陪侍，我忘了其中一人的名字，他對另一個叫程濟的人說，「國破君辱則臣死，我今以死盡忠節，但兄足智多謀，當以智術助主君出逃」，然後朝主君三拜而自殺。程濟與建文帝一起更換服裝亡命，隱匿於佛寺與民間，恰如雨滴落入池水，杳無痕跡；又似花香隱約飄過，待察覺已聞不到。何處開的什麼花？或只是陽光下波閃的微風之影？這君臣二人的存在對世人而言就像是這樣的。我寧喜做一個像程濟一樣的智者。

曾經在溫州從漁人處聽到一個故事，因也在亡命之中，所以大受震動。溫州漁人為了捕到石首魚（黃魚）而使用大孔漁網。石首魚的習性是遇到障礙物立即退縮，因那魚的頭部大，要設法使網孔碰不到魚頭。從海裏成群游來的石首魚安全通過了頭部，背上豎立的魚鰭碰到網孔的瞬間立刻無一例外地退回，於是魚鰭倒鉤在網孔上，越是使勁往後退越鉤得深，其實比身體大的頭部已經通過，只要按這樣往前就好，對這點石首魚卻毫無所知。

與石首魚相反，扁魚的特徵是遇到障礙物必往前衝。這種魚因為頭小頸縮，脊隆腹闊，扁身，捕撈時要用細孔漁網。漁網的小孔能使扁魚又尖又小的頭部通過，隨即鉤住它的鰓與脊。想要強行通過的扁魚硬是往前衝，直至其闊腹扁身牢牢掛在漁網的小孔上無法動彈，卻不知道退一步就可以脫身。

這又是生命無明的悲哀。

蘆溝橋事變當時，日軍不知撤退，想來是與扁魚同樣的無明。且現在美軍亦被越南的小孔之網掛住。如扁魚被漁人捕捉，人則被命運捕捉。

但現在日本的知識分子一談到核武時代，都一味退縮，認為不需要日美安保條約，連自衛隊都不需要，安於鉤在敗戰憲法上，而無法動彈。這又不過是石首魚的無明。

而陸奧宗光[1]的外交談判到底懂得進退，日俄戰爭當年明治天皇的果斷，與後來大東亞戰爭昭和天皇的終戰詔書，都絲毫不拘泥於進退，誠然是天地清明。

三

無明是不知空，拘泥於有，因而變得昏暗。猿猴對狻猊的恐懼，石首魚和扁魚的習性，日本軍部與美國人的傲慢，再就是知識分子有知識分子的癖好，這些都是昏暗的。

對此，日本神道的神體則是一面鏡子。鏡子是虛明無一物，不被無明所模糊。

❶ 陸奥宗光（1844-1897）是日本明治時代的政治家和外交官。

光是知識不能破無明，就算有發明力與創造力亦不能破無明。戰前日本的大本營與外務省對中國進行過全面調查，無所不知，其實還是無知。今美國擁有史上不曾有過的大情報機構，即使每年為此花費幾億美元，但對現世歷史的命運還是無知。譬如雖已探知中共在做核子試爆，對中國還是無知。對於越南戰爭的前途，即便詹森總統、國務卿、國防部長及戰地美軍司令官皆是無知得驚人。

岡潔先生說畢加索的繪畫是無知的。非但是畢加索的繪畫，西洋的一切都是無明的。世界的文明是在新石器時代始創，後世西洋既已因奴隸社會與北歐蠻族的入侵而受傷，終至喪失，就算創作出再美的東西，有發明力與創造力，亦無法破除無明與文明的一紙之隔。

西洋人不知東洋，是因他們不知文明。他們不懂佛教，所瞭解的最多不過是一點瑜伽，而瑜伽只不過是源自末那識的一種神通力。英國人來日本喜歡芭蕉的俳句，法國人讚美日本的雅樂，美國人學習日本的茶道與插花，俄羅斯人是連日本的《古事記》都學著讀，其實並不真正理解。西洋人研究日本文明，即便讚美乃至喜歡，也都不能使之真正成為自己的東西。

別說研究，就連靠著修行也不行。柔道在法國與美國頗為流行，甚至似出現比正宗的日本人還要高強的外國人，但那也只是招式上的技藝。合氣道名人植芝氏說，即使到了五段也是成不了武道的。日本的武道在於神道。從前，植芝氏曾在梅田伊和麿翁帶領下，從事「瀧修行」與「鎮魂傳」兩種修行，終能獲得武道奧義的承傳。那末，西洋人也來作一番日本神道修行如何？那畢竟太過勉強。日本神道是尚未有神社與祭儀的時代就已存在。有了神道，才有修行，並不是因修行而成就神道。譬如坐禪亦如此。西洋人即便坐禪到能聽見螞蟻爬過的動靜，也不算是解脫。禪定時能聽到螞蟻爬過的動靜是末那識，而解脫是文明的空的風景，西洋則沒有，西洋人的無明的歷史，與此毫無關係。

即或西洋人受了儒家教育，甚至修習了黃老之術，並遵循中國家庭與朝廷的典章制度，卻仍不知道中國，不知道文明。有了文明，纔有其教育和制度行事，單靠教育和制度行事，是不可能求得文明。

中國文明雖曾同化過異族，但我認為幾乎不可能同化西洋人。若是西洋從屬於東洋，西洋人融入東洋人的生活，則可化解現在的無明之業而達到空，但直到文明的養成恐怕也要花上幾千年。不過這樣我們東洋人與西洋人就結下了良好的友誼。這好比山川草木鳥獸自身雖是無明，但在我們則成得了文明。

四

無明是文明之資，譬如生命的能量雖是無明，但沒有能量亦不會有文明。但是對於西洋人，要以無明來成就文明則幾無可能。西洋人沒有文明。唯我們東洋民族纔有了文明，即使個人昏暗墮落，一旦參悟，仍可讓無明成為文明。

而佛超度眾生，使眾生都成佛，是說佛的光明普照眾生，眾生亦可相好莊嚴。山川草木禽獸在李白與芭蕉的詩中都成了文明，並非山川草木禽獸自身成就文明。如唐朝閻立本所畫的〈胡人飲馬圖〉裏的胡人與馬，都因受到超度而成為文明的歡喜那樣，現今的我們實不宜攘夷，並且對他們也要歡喜無隔纔好。

五

文明與無明亦可相似看待。

我從上海亡命至溫州的途中，在某一人家偶然讀到一本漢譯美國兒童讀物大象的故事，沮喪心想，有何理由非得拿這麼淒慘可怕的故事做兒童讀物的題材。那故事是，用語言給象一個暗示，也就是「不准動」一句話令象立定不動，那調教的效果是用手槍射擊象的身體兩百次，每射擊一次就喊一聲「不准動」，象每次中彈都文風不動，對牠來說，全生命全宇宙就只剩下這麼一句「不准動」。兒童讀物中稱這是對象的忍耐力的考驗，我讀了只覺委頓，頹喪至極。象所受的禁令即是眾生無明，我這纔忽然懂得了釋迦的慈悲。

而某位禪師說滅卻心頭火自涼，又是什麼意思呢？相對於象的為禁令而忍受苦痛，禪師把承受之身視作無，也就無所謂禁忌了。祖元禪師偈語、

乾坤無地卓孤筇
且喜人空法亦空

珍重大元三尺劍
電光影裏斬春風

說的即是「無」，指的並非為命運不得不做，或為正義與佛法被燒被斬在所不惜。若為了命運乃至正義與佛法，則立刻落於禁忌，與象一樣可憐可憫。

印加帝國滅亡時，區區兩百個西班牙人利用對方的誠實，用詐術以印加國王為人質，又利用其臣民對國王的忠誠，強迫簽訂一紙亡國條約，印加帝國便從世界歷史上消失。此因為那種誠實與對國王的忠誠都成了一種禁咒。中國過去雖有宋徽宗太上皇與欽宗皇帝被金兵俘虜，又明朝英宗皇帝被韃靼軍所俘，但都有下一位皇帝即位，與敵人繼續戰鬥，絕不受其脅迫。他們的誠實不可被欺騙，對君王的忠誠不容被利用，因此誠實與忠誠都要是「空」，不至落入禁咒。

因此文天祥與楠木父子的忠誠，以及乃木將軍的忠誠都是天地無私。

六

瑤池蟠桃三千年開花，再過三千年纔結果，有人把來看作是女性生殖器的象徵。君臣之義雖是人世的最高法則，但亦是猿猴社會有個首領的留傳，回溯進化史上去看則沒什麼可稀奇的。

而野蠻人的生殖器崇拜與瑤池蟠桃完全沒有關係。又朝廷亦與野蠻人的酋長禁忌完全沒有關係。

我們的龍與鳳並不是從野蠻人當作禁忌的蛇與鳥進化而來，瑤池蟠桃也好，《古事記》裏出現的男女二神也好，自始就是性的清潔、歡喜，及些許戲弄的表現，絕對沒有經歷過生殖器崇拜的階段。天地之始即是文明之始，歷史學不是回溯自然生物的無明，倒退回野蠻民族的禁忌則更為荒謬。

七

文明有過一回就應該不至失去。但西洋歷經幾千年奴隸社會與北歐蠻族入侵，文明已因污染而消失。我們東洋若被現在的所謂福利國家污染，再經歷核武的世界戰爭，不定我們的文明不覺間亦將消失殆盡。但也說不定應該不至如此。

根據史實，文明是始於新石器時代，看來尚有停頓的可能（印加帝國之例），亦有損傷變形的可能（埃及與巴比倫之例）。若沒有停頓沒有損傷，逐漸進入銅器鐵器農業手工業時代，集文明應有造形之大成，亦即完成了文明的絕對成長，屆時，只要不生病，那就沒有問題，應該永遠不會受污染不會消失。相較於彼時埃及、巴比倫與希臘因奴隸社會而落入無常的輪迴，中國正處周秦之際，日本則是萬葉集時代，因完成了文明的絕對成長，後雖幾經亂世，文明亦沒有消亡。

中國是在唐末五代兩百餘年間，黃河淮河以北的地域淪陷於胡人，居民一下子墮落，雖盡棄禮義廉恥，連風俗習慣服裝都效仿胡人，但到宋朝重新煥發了文明。想想過去是否一時落於無明呢？也不盡然。過去的破壞亦是為了重樹文明，甚至亦可說其破壞即文明。

中國唐宋時代的好文物，雖在日本還很好地留存著，但其本土已經不復留存，已被其他各種造形紛紛代替。中國史上的這種毀棄毋寧與日本伊勢神宮每二十年一次新建遷宮有同樣的意味，或可說是文明的常新。

這樣說來則現在中共對中國傳統的良風美俗的破壞，乃至日本的福利國家對日本傳統的良風美俗的破壞，亦未必能斷定已落入無明，或反而成為重新煥發文明之資亦未可知。看來，相對於西洋人無論如何都成不了文明，我們的民族是無論如何都不至落入無明。

天保年間，日本人在所謂「黑船」的洋艦威脅下，也不知出於諷刺還是自暴自棄，以詼諧打趣的詩歌自娛，看似沒出息的可憐相，卻又立時轉變成明治維新，此正是這個民族的特色。今番福利國家的頹廢是否也是那樣，實難斷言。無論如何，在此時勢下單是悲憤成不了英雄，灰心喪志也成不了哲人。

文明如花，亦有季節，花開花落皆有文明之息。花落時亦非無明，我們古人稱此為天命。似無明而又非無明者，是陰陽消長之陰。若知文明之息即為天道消息，則「無無明，亦無無明盡」，當是如此。

太古有的動物因天變地異而滅絕，非洲的犀牛與大象現今仍在滅絕中。唯獨人類渡過洪水，已然安全，若連《易經》所言「天地熄滅」這回事都沒有的話，似乎很難想像人類有一天也會滅絕，不過，近百年來中國文明在西洋侵襲之下，屢有滅亡之憂，至今我仍擔心這種可能性，不能說完全沒有。從電視上看到日本名神高速公路的落成，對我雖非值得艷羨之事，卻仍有從現代產業掉了隊的擔憂與不安。又由於核武掛帥的時代趨勢，不定人類將因自身造的業，滅絕消失於大自然界。

文明何去何從，尚在大自然的無情中瀕臨生死之際，照理應該不能說無明已盡，文明的事可以放心了。這纔是文明，也因而文明是絕對的。以幼兒的柔弱與謙虛面對天下，切勿因憤世嫉俗而自大傲慢，要保持理智，清吉健康，不可輕忽當前事物，這就是對文明的心得。

第六回

一

把心經與西洋的宗教和哲學來比較，更能明白它的可貴。西洋的耶和華無法造像，是因為沒有達到「空即是色」的境界。而不著於「色」之物亦非「空」，所以耶和華之神亦是意欲滿滿，達不到空的境界。

再說存在主義哲學。存在主義哲學總覺得，即便無人存在的地方，仍存在著什麼。存在主義哲學的解釋之所以十分費力，是因為沒有悟得「色即是空」。

若日本的神道是空，則日本的朝廷與萬民之行就是色。而西洋的社會與所謂的神國是兩回事。因我們的文明之色亦是空，遂成其悠悠人世，相對的西洋社會因沒有達到空的境界，就只是受到粗惡限制的色。

空中有色，色中有空，在日本來說則是色中有神。西洋那種沒有達到空的色是極其粗劣無聊的，他們因拜偶像什麼的屢屢惹耶和華生氣，存在主義哲學與色交手起來，也很困難。

色中有空，所以無漏無餘。而沒有達到空的色卻有欠缺之處，又有多餘之處。若色中有不足之處，則總覺得色以外存在著某種什麼。若色中有多餘之處，就會覺得色並非某種什麼。而尋求這某種什麼，即是西洋哲學的本體論。

求本體，一種是不借助色，而有神存在，即是基督的宗教。另一種是借助色，即是古代西洋的哲學。而因無論哪一種都不夠完善，所以會有介於兩者間的一種，就是今日的存在主義哲學。

在西洋哲學，「眼耳鼻舌身意」與「色聲香味觸法」是什麼關係此一問題是科學的問題，而沒有哲學的意義。又、這些色與宇宙存在的本體是怎樣的關係此一問題，亦是強佔宗教詮釋權的一種嘗試，無非是勉為其難，將之納入哲學的範圍而已。

說到哲學，則是希臘時代的好，即如理論物理學那樣的東西。直到現在關於原子的發現，總是靠科學與數學之前先依據的理論，而唯有這個纔是哲學的領域。除此以外，再把現實的真實、色中有空的參悟課予哲學，那將徒增麻煩，越陷迷惑。

二

乃至無老死，亦無老死盡之句。

這一句可以用一首詩來解釋。唐朝張若虛的詩〈春江花月夜〉、

江天一色無纖塵
皎皎空中孤月輪
江畔何人初見月
江月何年初照人
人生代代無窮已
江月年年望相似
不知江月照何人
但見長江送流水

「人生代代無窮已」即是「無老死盡」，而「江月年年望相似」卻是「無老死」。相對於人生的有老死，月並非超越老死，月即是我們人生的悠悠無盡，我們此身有老死，而同時又伴隨著圓月與揚子江的流水有親。

若我們的身體一旦盡老死，連這悠悠無盡的風景亦隨之消失，便如數學一樣若沒有有理數的話，應也沒有無理數，就也沒有那種親切了。

三

無苦集滅道之句。

世上若有文明，則苦也該是令人嚮往的。中國傳統戲劇裏出現的每一個落難人都沒有不好，反倒顯得美。我幼時與堂嫂感情好，發誓若堂嫂落難，一定去救她。這與其說發自俠義之心，不如說是期望看到一個人落入苦難時的那種悽美。即便苦難亦無苦相，反倒能從苦難中識得仁義的況味，這一點不僅聖賢豪傑，也是我們浸潤於東洋文明的一般庶民所擁有的美德。

西洋人毫無受苦的美德。但丁寫的《神曲》裏，地獄之苦完全無親切感。日本與中國過去沒有地獄，從印度傳來後，地獄之苦立時變得具有人情味。東洋人以西洋人無法想像的劫地獄來打破地獄，還有秋天盂蘭盆會的放燄口施食餓鬼。

我喜歡現在筑波山的薇之苦味。

現代福利國家希望消除苦，我倒是希望他們嘗試一種印度僧人的苦行。我過去曾在鄉下看過觀音得道的戲，據說觀音菩薩本來在東洋大海中，是日本國妙莊王的三公主，父母嚴厲反對她出家修行，強迫她將鐵杵磨成針，並以竹籃打水，但她歷經萬難終於修成正果。這雖不知有何根據，卻是一齣有志氣的好戲。相對於此，現代福利國家喪失修行之苦，而創造了升學考試地獄之苦，則是輕率之舉。

中國人開始喝茶還真是意味深長。茶是苦的東西，原本叫作「荼」。人生在世，越是富貴，越是如茶的苦味一樣高潔尊貴，現代社會沒有了薇與荼那種苦味，就會失去品氣。

應該消除的是考試地獄之苦與無明之苦。不應該消除的是修行之苦、荼與薇之苦味。苦並非痛苦，而是指苦澀艱辛的事情，茶的苦味就像是衣裳沉色的況味。

我的詩〈為愛茶人作〉、

華服貴澀色
茶苦是至味
我心自有念
仍辨惠泉水

四

苦集滅道的「集」是積的意思。不可以積，而又不可以不積。

淺間火山的山腳有人稱「鬼擠出」的熔岩群，是約兩百年前火山大爆發時出現的，因年代太淺，所以非常新，毫無情趣可言。松姿的形成需要經過約莫五百年歲月的積累，岩石最少需要萬把年的積累，纔有可觀之處。而近代因旅遊熱潮對「鬼擠出」的熔岩群進行大量建設，只顯得俗化惡化，不過是「業」的積集而已。

不可以集業，而如孟子所言應該集義。

業不只限於惡，積善亦能成業。現代都市裏集中建設的結果導致空間越來越少，必然帶來不斷的破壞。而富士山聚集了日本民族無窮的感情，所以富士山是益形變空，沒有窮盡，這即是集義。十二單衣是日本女人文明的極致。

如能因集財使心靈益形變「空」，進而開創天下，那是再幸福不過了。集財也要像集學問一樣纔好。越是有學問，越是應該謙虛。這就是論語所說的「富而好禮」。

現代人的歲月是荒廢之果，不會留下任何東西。我們古人的為子孫積德，善行與義舉不用說，就連一幢房屋、一件器具都是德的造形。而今天的公寓住宅之類是什麼都沒有為子孫留下。

資本聚集、人口聚集，不僅使都市的造形難看，就連農村景觀亦日益醜陋。說是一切為了生產力，一切為生活，但我認為哪怕減少生產力和人口的增長，也希望都市與農村的營造，能保有「空」的造形。不該說資本聚集與生產力的擴張，乃至人口增長都是自然趨勢，為此而失去閒暇空間是無可如何之事，倒是應該認為要獲得閒暇就得減少生產力與人口。若不能人為地減少，結果只有等著上天來一次大劫毀，使之消亡於一旦。

只為營生則成就不了文明的歷史。孟子說，「生亦我所欲，所欲有勝於生者，故不為苟生；死亦我所惡，所惡有勝於死者，故患有所不辟也。」失去文明徒留生活，那是再悲慘不過了。

我們的文明始於新石器時代，其後在中國周秦之際、日本萬葉集時代完成了絕對的成長。之後從沒有滅亡過，匹夫匹婦乃至一器一皿之姿皆是文明，我們的月亦比西洋的月清澄，連中國與日本的傳統戲劇裏出現的小偷，亦比西洋的紳士有趣。該好好保重這個文明，從孔子所言「朝聞道，夕死可矣」這句話便可知曉。

正因為這樣的文明不容受損，距今三千年前，伯夷叔齊在首陽山採薇而食，不食周朝不義之黍。日本與中國不僅有楠公與文天祥，民間的匹夫匹婦亦能不惜以死盡忠守節。那絕對不同於殉教，連為了文明都不是，而是展示了文明自身的莊嚴。

拜神佛，並不是要殉於神佛。今日的我亦不是為了誰或誰，而只是想要成就文明的人生。不只是我，天亦要使這個僅僅只為謀生的現代社會，先且自毀。歷史上藉著大劫毀來消除生產事業乃至人口過密的問題，到得今日的核武時代依然不變。

五

「苦集滅道」四個字，每個字講的是無明，也可以是文明。其中的「滅」字來自無明的毀滅，又有依靠修行而來的寂滅。

梅田女士一個人住在筑波山上，她歡喜言道她並不寂寞，而是享受寂靜之樂。梅田女士並不討厭人，倒是開朗隨和為人討喜。她的享受寂靜之樂，令我想起李白。像李白這樣豪氣的人，隱居於敬亭山，就是歡喜享受這寂靜之故。

寂滅是物之始，是尚未發生喜怒哀樂之前的境地，潛伏著創造性。這亦可以說是日本的神道。

然而無明的毀滅則是萬事萬物走到了盡頭，只能以憾恨告終。有寂滅，始可逃得毀滅的命運。

六

「道」這個語詞，在中國本就無法斬釘截鐵說清楚。相對於老子言道，莊子亦言道術，孔子偶爾使用的道字，與老子所講的道似又稍有不同。孟子倒是使用先王法言與法服的法字，以代替道字。其實像這樣沒有固定的使用方法倒是好的。

日本常講茶道、書道、劍道，卻不講俳句道，詩中不用道字。日本雖說神道，其實並沒有道，諸神都是天然的。日本神道也沒有傳道這回事。

京都保田與重郎先生的家裏，掛有幕府末期志士谷三山所書之匾曰「天道好還」。今日見此，仍能感受到明治維新前夕的天意人心的氣息，說起道，還有什麼比這更合乎天道的？

以上所講的苦集滅道是既可成四惡趣，亦可成四聖諦。梁武帝曾問達摩如何是聖諦第一義，達摩答以「廓然無聖」。就是說如能非但去除惡趣，連聖也能去除的話，那就沒有比這更可貴了。日本神道畢竟不是宗教，清純的巫女連苦集滅道等字義都不用，這樣的天然即是廓然無聖。

七

無智亦無得之句。

近來我偶爾會重讀白樂天與蘇東坡的詩，不求知道什麼，只是如面對岩石與水一樣面對兩人的文章。原來中國人讀《西遊記》與《紅樓夢》，日本人讀《源氏物語》與《太平記》，根本就沒有意識到自己在讀文學作品，這就是無智亦無得。

某日傍晚，吉田吉之助帶我去參加在三菱電機公司舉辦的詩經講座，講者是諸橋轍次先生，先生只解釋〈式微〉篇的字句，反覆朗讀。這使我想起了舊時的私塾，那一字一字的解釋與反覆的朗讀，呈現出一幅人心端正、萬事萬物欣欣向榮的景象。這令我羨慕，心想也能來一番這種讀法。

自民國以來，中國的詩經研究與中國文學史的講授，也與日本的大學一樣，失去了這種「無智」的教法。又、以前的日本家庭與小學教孩子們以「嗨」（「是」之意）回應，實可說是無智的最高境界的教育方法，可惜如今已漸漸失去。

我自從來到日本，似乎從不觀光或見習，不看週刊雜誌，亦不與文化人打交道。我對日本就只像是對詩經素樸的朗讀。

寫文章與燒瓷器，作者如能到達無智的境界是至好的。更何況關乎天下事與中國日本的前途，那就像文章有神思，瓷器有窯變，國事亦有天意。唯有以無智對天意，始能像孩子那樣地回答「嗨」。因而無智即是大智，與西洋那種放棄智的念頭，特意做出使人難以理解的繪畫與雕刻，以造作的無智替代造作的智，自是不同。

八

又關於「無得」一事，首先要教育現在的青少年對得失要有豁達的態度。學校裏爭取分數並不就是優秀。為爭取博士學位而刻苦鑽研的立志傳之類，不過是學問的破產。中國五四運動時代的青年，無論是誰，幾乎都是革命詩人，他們並不在意是否取得學校畢業證書。孔子說「及其老也，血氣既衰，戒之在得」，貪得毋寧是一種老人病，決不是青春的闊達。

時代、個人只要是青春即可「無得」。日本的櫻花即便不結櫻桃亦沒有不足。木曾義仲與源義經對天下豪爽大度，故能不問結果而功名皆空。

然而無得亦可說是「大得」。我們文明中的「得」字不同於佔有。無求，則物主動向我而來，因此獲得富貴亦是歡喜之事。我們不是要佔有物，而是與物保持良好關係的共存。譬如吃飯時先要致謝，對所得之食物與筷子，乃至茶碗都有謝意。這是因為對物的獲取並不是權利，而是一種德。

今人拿來誇口的依憲法而獲得國民權利云云，只能說人變得格外低下。以為爭得選票，謀得利潤，便是天下的政治經濟，那是想錯了。若能悟得我們先人些許無得之妙意，則萬民皆喜。

九

中國與日本本來沒有天國與地獄。在天國與地獄中得福或獲罪，那是結局的事。而我們的文明是天地未濟，因為未濟，故尚無得福，亦無獲罪。心經中的**以無所得故，菩提薩埵**，講的是菩薩之道，我參拜伊勢神宮，感激此時亦如天地之始，仍一無所得。

接下去是，**依般若波羅蜜多，故心無罣礙**之句。

以上所說的般若波羅蜜多，即是印度文明極至的修行之全部。依此，自然而然就可心無掛礙，行不受阻。

十

又接下來的一句，**無罣礙故，無有恐怖，遠離一切顛倒夢想**。

嬰兒不知恐怖。因日本民族不曾有過奴隸社會，又不曾被蠻族滅亡，別說比西洋，甚至比中國人都不懂得恐怖。不怕神，不怕天皇，婦人不怕男子。對長輩雖多有敬畏，但與恐怖不同。

恐怖是生物的自殺，亦可說是自我了斷生命，敬畏則來自虔敬，使人更加美好，更加清明。〈中庸〉說「君子有三畏，畏天命，畏大人，畏聖人之言」，日本神社的祭儀與朝廷之禮，民間人家的端正，世上高貴的一切，都是源自這三畏。

然而，現在的教育塑造了有恐怖而不知畏的青少年。仿效西洋的恐怖電影、恐怖犯罪的推理小說等最是不好。文化人則比誰都把畏置諸腦後，一味高談恐怖，說什麼藉著恐怖平衡，核武時代已經沒有大戰，甚至還說恐怖立國論抑或恐怖立世界論正在起草中。這可真是昏了頭。

此次核武時代的到來，文明與大自然之際何種殘酷可怕之事都有可能發生，聖人所言「天地不仁」，不是值得我們敬畏麼。

十一

顛倒夢想，雖是遠離就好，而若有文明，顛倒夢想也是件好事，未必是至人無想，亦不限於至人無夢。莊子的夢裏化蝶即是好夢。

詩經的第一首，愛慕在河邊洗水芹的少女的年輕男子，夜裏睡不著、

輾轉反側
寤寐思服

這亦是沒有一點邪念，孔子對它多加讚美。又明代戲曲《牡丹亭》中有一個叫杜麗娘的女子庭園思春，因而在午睡的夢裏遇見一位素不相識的秀才，與之相戀，因思慕而病死，葬於梅花樹下，一年後果然來了這位秀才，女子起死回生，兩人結為夫妻，完成了心願。曲唱、

只為那春光撩亂
驀地裏懷人幽怨

完全是青春的茁壯，也是青春的嚴謹，絲毫不容妥協，雖是夢，但亦是現實裏絕對的東西。

宋人的詞常使用煩惱這兩個字，但也成了好字，故《牡丹亭》用了顛倒夢想的詞句亦沒有掛礙。

而現代人顛倒夢想的結果只落得神經衰弱。我近年來警覺自己有一點神經衰弱。前此偶然讀到宮崎滔天自傳《三十三年落花夢》，文中提到孫文當年亦曾罹患神經衰弱。諸葛亮〈出師表〉中「先帝以創業不易」之句，真是能打動人心。

十二

究竟涅槃。

「涅槃」是如數學的「零」一樣，相當於中國的「太極」，進入涅槃亦可說是太極修行。零是數學之始，太極與涅槃皆是萬法之始，是空的存在，是無限的存在，無限的蘊含。佛的辭世叫涅槃，死亦是天地未濟。當然佛的誕生亦叫涅槃，是死生一如。

嵇康的琴曲〈廣陵散〉，音中無哀樂，即是天地之始的心境，哀樂尚未產生，這就可以說是太極修行。所謂無為，不是說棄琴不彈〈廣陵散〉之曲。堅山南風先生畫日光東照宮的鳴龍，沒有絲毫煩惱的清吉歡喜的龍是此天地之始。創造新時代的革命亦如太極修行。

第七回

三世諸佛，依般若波羅蜜多故，得阿耨多羅三藐三菩提之句。

一

釋迦曾說「天上地下，惟我獨尊。我今此身，永絕後有」。中江藤樹疑惑地認為，釋迦應不至講那樣傲慢之語。然而這話並非傲慢之語，是人的自覺，文明的自覺。這與埃及的獅身人面斯芬克斯之謎語的答案「是人」，有一脈相通之處。與古人來自文明的這種人的自覺相比，後世歐洲人由權利產生的個人主義，完全是小氣的。中國的天地人，把人與天地並立。《易經》說「夫大人者，與天地合其德，與日月合其明，與四時合其序，與鬼神合其吉凶，先天而天弗違，後天而奉天時」，這樣的大人，與權力者或神的使者先知無關。

文明若是達到無的境地，就成了絕對的東西，人已經超越生物進化論，從生死輪迴中解脫，這正是「我今此身，永絕後有」。

中國漢朝的文明並非比堯舜時代進步，只是變化了。又到了唐宋以後，仍是沒有進步，只有變化。日本文明亦是今天與聖德太子時代相比亦沒有進步，只有變化。孟子言必稱先王，我們先王已悟得文明的極意，所謂三世諸佛就是說在過去世中已出現諸佛。

《古事記》裏伊邪那岐與伊邪那美就是神，亦相當於我們在過去世的佛。相形之下，舊約聖經中亞當與夏娃是有罪之人，在西洋人的生活中沒有過去佛，亦沒有現在佛與未來佛。

現今學校裏的歷史教育若有文明的體會，則應先拜過去世諸佛。不僅是對歷史上的聖賢豪傑，亦對我們先人的那些工匠們。保田與重郎先生所著《日本美術史》中提到，正倉院與當時鑄造大佛的工匠們，冬日工作時亦只著單衣，啜稀粥，嚼生菜，比起這樣的工作態度，今人坐在電暖墊上摹寫佛像，是太過輕薄了。過去世的工匠們亦與諸佛同在。

然而，只憑著敬拜過去佛，是不足以了解一個人的，務必看他對現在佛的認知，纔能看出其人的程度。在這一點上，畢竟是孔子，他禮敬擔任過周王室守藏吏的老子，也讚美鄭子產，乃至對農夫長沮與桀溺亦能欣賞。又釋迦到處說觀音菩薩的修行與功德，完全是像明治維新的志士對同志一樣的熱情。唐人的詩裏「到處逢人說項斯」，因為敬佩叫項斯的詩人，逢人只與其說項斯，這就是禮敬現在佛。❶

我今春三月末與梅田女士去京都保田家做客，在主人的書房裏禮拜了古代文殊菩薩畫像與菅原道真❷公畫像，彼時站在一旁的保田與重郎先生簡直像是文殊菩薩與天神現前。在早晨的好天氣裏，梅田女士與保田先生談笑風生的模樣，典子夫人端茶來的姿態，對我而言一一都是現在世諸佛菩薩的妙相莊嚴。

孔子說《孝經》，必首稱先王。又著《春秋》，第一句便說「春，王正月」，奉當世周天子以紀元。拜過去佛是孝，拜現在佛是尊皇。

明治維新制定紀元節，是大孝之道，又尊當今天皇，一下子成了諸佛菩薩之世。中國辛亥革命當年的孫文與汪精衛等志士，印度獨立運動當年的甘地與尼赫魯等志士，都是現在世的諸佛菩薩。民國初年，青年學生嚮

---

❶ 唐朝楊敬之〈贈項斯〉：「幾度見詩詩總好，及觀標格過於詩。平生不解藏人善，到處逢人說項斯。」項斯，字子遷，浙江仙居人。

❷ 菅原道真（845-903），是日本平安時代的學者、詩人和政治家。長於漢詩，被日本人尊為學問之神。

往胡適之、魯迅、周作人、梁漱溟等人，不選學校，唯選教授，教授一轉任學生亦隨之轉學。這與日本過去高杉晉作、西鄉隆盛等人對吉田松陰與藤田東湖[3]的嚮往，誠然是時代的活力。若現在世中有佛，則諸佛菩薩亦會示現，且不是憑靠群眾的組織與權力，更不是藉由宗教的力量。

再說未來佛。孟子說「五百年必有王者興」，是大約每隔五百年必有王者興起，如今是否正值此時期？這個疑問也形成了對志士們的激勵，不同於宗教那種「救世主再來」的軟弱。未來佛今日明朝隨時可能出現，指的是眼前之事，是故亦稱三世諸佛都在現前。

釋迦不認為現在世是無佛之世，他悟得自己便是現在世之佛，孔子孟子亦以自己為現世聖賢而求問天意。而對於眼前的亂世，釋迦以慈悲，孔子孟子以敬與親，對誰都有禮，孔子編選當時的詩三百首，欣然稱之曰「思無邪」。

上面說的三世諸佛亦稱「三世十方諸佛」。按愛因斯坦所說，時間與空間不過是源自運動的物質，有別於來自文明的悠悠光陰與蕩蕩天下。去年元旦《讀賣新聞》英國歷史學者湯恩比撰文說，「此後的世界只有靠著一統纔可得救，而這世界一統的觀念與經驗唯中國民族纔有。」但這不是觀念與經驗的問題，只有東洋的悠悠光陰與蕩蕩天下，纔能出現三世諸佛菩薩，把來開啟世界一統的無限風景。

---

❸ 高杉晉作（1839-1867），日本的武士、長州藩士，幕末在長州藩從事尊王倒幕活動，極為活躍。藤田東湖為幕末漢學家。

二

三世諸佛都依這一智慧度彼岸而獲得無上正等正覺。**阿耨多羅三藐三菩提**即是無上正等正覺。

《論語》中亦講了同樣的事。子張問：「十世可知也？」子曰：「殷因於夏禮，所損益，可知也；周因於殷禮，所損益，可知也；其或繼周者，雖百世，可知也。」又孟子亦說：「先聖後聖，其揆（法）一也。」

我在明治神宮看到明治天皇的書桌上放著《論語》這本書，便想起現在的父母與老師，對下一代應懷有更大的自信去教育纔好。此後即便到二十一世紀，亦應不至變成異質的文明。

縱跨過去現在未來三世的文明的極致，在於等正覺的正。掛在衣架上的和服，看起來幾近正方形，但拆下來重新縫製乃至漿洗時候，就只見長方形的一片片布條，幾乎還原成原來的布匹。何以這麼簡單不刻意的和服能生出那樣無限的風姿呢？這即是由於達到了無的境地。其簡單不刻意使我明白有天意，而非人力。不知無的境地，不能使用正形正色正音，而費盡心思扭曲使之成為一種趣味，只能說是無明的作為。

正，首在正名，端正名義。子路曾問孔子：「衛君待子而為政，子將奚先？」孔子說：「必也正名乎！」又孔子回答魯哀公「君君臣臣，父父子子」，為君者應盡君之本分，為臣者應盡臣之本分，為父者應盡父之本分，為子者應盡子之本分。那不是關係和權利義務之名，而是名位之名。君臣父子之位就如數學的點，有位置而無面積，就是無，就是「如」。

因此，天皇一即位，即成為至善，是世上的絕對的尊嚴。雙親之位亦是至善，有謂天下無不是的父母。日本家庭教導孩子以「嗨」回應，就是這個緣故。

正是真，果若是真花，則菊花櫻花蓮花亦都是絕對的，沒有階級。若這是正，則自然而然便可平等，所謂等正覺。

釋迦當時的印度，因困擾於希臘、巴比倫、波斯的無明的侵襲，首先掀起了一場正名的省悟。

古代西洋在文明消滅之際，沒能為物正名，遂出現了懷疑哲學，影響所及，直到後世仍有因正教對異教的憎惡而來的對正名的偏差認知。在印度，從懷疑論到最深刻的否定論，亦即一切無常、一切不真的觀念，對此釋迦提出「常樂我淨」為之正名。而日本與中國的文明未曾瀕臨那種危境，也就不至走到懷疑論與無常觀的地步，直接得到了正名。

覺亦可說是無差別智，歸根究底就是明。後世的論師雖常把無差別智比作大圓鏡，但顯然忘了當初鏡子與太陽的聯繫。我們《易經》有「聖人出而萬物　」，一旦聖人出現，萬物頓時展現出來清爽的文明之姿。等正覺猶如我們中國與日本的禮樂，禮即是正名，樂即是平等，禮樂是《易經》所謂的「天下文明」。

三

故知般若波羅蜜多、是大神咒、是大明咒、是無上咒、是無等等咒、能除一切苦、真實不虛。

咒是日本所謂的「言靈」，又是中國道教所說的「真言」。春秋時魯大夫叔孫豹說「太上立德，其次立言，其次立功」，言不是工具，而是行。

關於中國古人三句話的解釋，我與紫垣隆翁在路經博多時，曾被九州島電力公司的員工問及，我當場回以：「豐臣秀吉可以說代表立功，聖德太子是立言。聖德太子畢竟比豐臣秀吉偉大。立德指的是日本的天皇陛下。」聽了這個回答，紫垣隆翁亦很高興。

然而，今日言之墮落甚矣。父母、師長都不為子弟立言。日本民族亦不對現今世界立言。前此大東亞戰爭之敗就是因為沒有立言。不管有多高的武功，或有某種和平產業的工作，若沒有立言就殘缺不全。在此我感慨之餘，想起了杜牧的詩句、

忽發狂言驚四座
兩行紅袖一時回

真想對這個時代發出一番驚人之語。

要有言，則應有文，文以載言。「倉頡造字，天雨粟，鬼夜哭」，人也要莊嚴神聖了。中國舊時教人敬紙惜字，若見了今日的光景，對古人更要感到肅然。

這樣的言即是行。傳說印度婆羅門僧以咒術控制鱷魚，就連末那識都能這樣發揮言的威力，更何況覺悟之言。只要誦念般若波羅蜜多，就如劍道高手出手時發自丹田的那一聲喝，成為智慧達到達彼岸的修行實證，這是理所當然的。

真言不能以口授筆記或打字機流傳，更不能以電子計算機製作文章之言。《論語》中記錄了孔子之言，負責記錄的弟子不是效仿老師之言，而是有言之修行的人才能正確地記錄。孟子之言的記錄，釋迦之言的口傳皆是如此。口傳般若心經的想必是舍利弗。邱吉爾的《二戰回憶錄》原稿的作法之所以不屬於「文」，是因為真言不該委由秘書傳述，也不應由報章雜誌的記者筆錄。真言不是工具。

想到今日世態之言竟然變得如此無力，又驚訝於各種新興宗教和混合了迷信的治病方法，乃至家務事諮詢輔導之類的威力，是否畢竟還有一些真實，不免令我反省，更何況聖人之言。孔子說「民無信不立」，我們如能以真言為百姓樹立大信，即可得言的無限威力，足以影響世界。

我不禁找出保田與重郎先生戰時戰後的著作，受其言影響，忽而變得心意堅強。又我每天早晨聽梅田女士的禊祓唱詞，讓我領悟到那清吉之言即是修行。

是大神咒，說的是言之神聖。神就在陰陽消息、人世虛虛實實變化莫測之間，西洋社會卻只有一個實有，這並不是說神在實有的外邊。對於《易經》所說的陰陽，後世自然科學雖發見了陰電子與陽電子，但陰電子與陽電子都是實有，西洋人仍不知文明的陰陽虛實。

是大明咒之「明」，始於新石器時代的文明，言與音樂、太陽同在。《古事記》中的開啟天巖戶與天鈿女之舞、諸神之笑語[4]，即是言中有太陽的光明。而西洋聖經的舊約新約中沒有太陽的光明。這是因為西洋沒有真正的言和文。

無上咒與無等等咒，是言的絕對性。真言無是非，無爭辯。又如花開與未開之際的沒有成毀，言亦是天地未濟的風姿。日本神道的清吉之詞即是如此。

❹ 根據《古事記》記載，素盞嗚尊行為放蕩。他到處破壞天照大神的田地，填平灌溉用的水溝，甚至趁天照大神於神宮中新嘗穀物時，跑到屋頂上拉屎，然後把天斑馬馬皮自屋頂上丟入紡織房，導致織女因驚嚇不慎被梭刺入陰戶而死，因此素盞嗚尊又被稱為降馬頭主。而這些行為也嚇壞了天照大神，使她躲入天巖戶裏隱居，因而天地陷入黑暗，妖魔到處橫行，逼得八百萬神共商對策，想要誘使天照大神出洞，但均不果。這時天鈿女忽然在諸神面前跳起舞來，因她相貌醜陋，跳舞也跳得荒腔走板，甚至衣不蔽體，露出乳房陰戶，諸神見狀群起暴笑，天照大神因而好奇稍稍打開巖洞窺視，被大力神一把揪出巖戶，於是大地重見光明。事後素盞嗚尊被諸神逐出高天原，流落至出雲國。

而如今的效仿西洋語總是很粗劣。我在福生市的住家附近一年可見一兩次小型神社祭祀，戴著胖臉小眼睛塌鼻樑醜女面具，以及猴子面具的舞蹈，那麼小一條街上的人亦能自娛自樂，充滿意趣，雖不過是消遣，但有著毫不厭倦的歡喜，如今看來仍有皇國浩蕩的景象。說起中國的東西，日本人原已體會得莊子〈逍遙遊〉與〈齊物論〉的極意。在這樣的日本文明中，今人還要假托尊重人權、尊重生命、民主與自由平等之類低劣之言，那就未免糟蹋了。

言為萬物命名，是人世的陰陽虛實之姿，這是言之神聖。中國的傳說，在許多人跡罕至的名山上，遺留著刻有難解之字的太古岩石，想必其中應有對今世仍有深遠影響的神聖之言。

這樣的言，成就了我們的《詩經》和《萬葉集》，成就了李白與蘇東坡的詩文，也讓我們的街坊村民得以笑語晏晏，也在某一個時勢中，令我們的聖賢豪傑能夠興起大事，造成四方風動。

言並非煽動群眾，而在於使個人覺悟纔是真實。西洋的演說，打動群眾之言，肯定是過多無明的情緒、功利的欲望、悔恨等所構成的。這是因為西洋之言沒有開悟。對此，要使個人開悟唯有我們的建國文章之言。

言能除人世一切苦難，是真實不虛的。最苦的是無明之苦，先要以言使之開悟，破此無明。這不只是教育，而是人類真正的教化。禪宗的一言之功德亦是這個意思，日本亦有對一言主神的祭祀。[5]

現代人的苦，與其說是物的匱乏，或被人欺凌，倒不如說在於人生的無信與物的不真實。現代人一旦逸出周遭之物或者既定的日程表，立即茫然若失，如同野蠻人被逐出部落那般無法生存，人生的信與物的真實蕩然無存。因而核武時代人類的命運，可說是一片黑暗。信並非是求神之信，一個有志氣的青年並不樂於承受偉大父祖的庇蔭，若將之視同神佑，那就成為多餘的好意，幫錯忙了。這麼一來，該是誰用真正的真言來教導我們此身，以及這個世代的信實呢？

四

故說般若波羅蜜多咒，即說咒曰，揭諦揭諦，波羅揭諦，波羅僧揭諦，菩提薩婆訶。

「揭諦揭諦」的句義即是走吧走吧。「波羅揭諦」就是度過苦海，走向彼岸去吧。「波羅僧揭諦」是說修行僧度過苦海，走向彼岸。「菩提薩婆訶」就是成為菩薩，菩薩能自度度人。

我們不說求真理，而說度，到達彼岸就好，此又是廓然無聖。佛經中講度，中國的《易經》亦有「天地未濟」和「利涉大川」等與之相同的度的心得。想起太古洪水時代，我們的先人能度過洪水完全是悟了天意。想必日本《古事記》的天浮橋與高天原，與此亦有某種淵源。

❺ 一言主是日本神道教中的神，在《古事記》下卷第一次出現，對求願者的任何問題皆以一言作答。

釋迦當時的印度，正面臨被迫再次度歷史大河的局面，一如敗戰後日本的被佔領當時，既無可能與佔領軍抗爭，就只有度過一途，這讓我不由得感受到冥冥之中自有天意。而今已是核武時代之事，人類只得再次度歷史的大河，不太可能以鬥爭與征服的考量去對抗，因此這個度字也就益加醒目了。

我十年前給香港新亞書院唐君毅教授的信上說，今日種種小善已無用，唯有與天地不仁相匹敵的英雄事業。近來又在給保田與重郎先生的信中說，今日社會，唯要出孔子與聖德太子之類人物，僕志在為此開道。

聖賢與英雄的事業在佛教中稱為自度度人，與孔子說的己立立人相同，那是民主主義所不能為的，而且又不落於宗教。在民主社會中自己的存在及與他人的交涉，都是依權利義務關係，決不會考慮自度度人，而到了所謂現代福利國家以後，連西洋的宗教與革命都已萎謝了。

宗教救世主的贖罪救人未免太過愁苦。對此佛經裏雖常說五濁惡世，但佛說法的場面仍有妙喜，面臨一代大事，對於世人，毋寧是明治維新的志士之間、以及民國初年五四運動時代青年學生所擁有的那種革命襟懷。五四運動時代的青年儘管反對舊禮教，但他們肯定道德，甚且是潔癖的。他們在同志之間言志，要求對方認可，雖然對時勢與文明種種，看似狂妄自豪，其實是意氣奮發。他們是如此熱情，而又如此理智清明，真教人歡喜。因此與西洋的革命不同。

我認為日本幕府末期的志士們亦還有這樣的餘裕，小說出現的志士們那種悲劇情懷，總不脫文藝腔之嫌。

今日我與世人喜結同心，這種心情應不落於宗教，且又不至落於革命。西洋的革命與西洋的宗教帶有同樣的嚴肅，而我們的則擁有日本神道的歡喜與真實。革命還是中國的革命好。然而，歷史上釋迦與孔子當年的公開教化，是既非宗教，乃至於連教育的教都談不上的、有異於湯武革命的另一樁大事。今日我亦想進行這樣的公開教化。

筑波山梅田開拓筵舉辦夏季講習會，迎請保田與重郎先生和高杉晉一氏為講師，我與堀場正夫氏亦有幸參加，聽說《東京新聞》的與良社長也會來。梅田女士並不富有，卻像個少女那樣，一心只想為國家做點好事，一大早就端坐在走廊上，高高興興將昨日買自北條的茶杓子與銅水壺擺出來，告訴我此地的泉水非常好，準備講習會時開始啟用這些茶具。想來，孔子與聖德太子今日若是出現，也會以這種少女般的好心情行事罷。要度過核武時代的大劫，惟有女子的歡喜，方可與天地不仁相匹敵。

心經隨喜

作　　者——胡蘭成
審 定 者——劉慕沙
譯　　者——小北
內頁攝影——劉信佑
封面設計——黃子欽
內文排版——林翠茵
責任編輯——杜至偉
行銷業務——王綬晨、邱紹溢、劉文雅
行銷企畫——黃羿潔
副總編輯——張海靜
總 編 輯——王思迅
發 行 人——蘇拾平
出　　版——如果出版
發　　行——大雁出版基地
地　　址——新北市新店區北新路三段207-3號5樓
電　　話——（02）8913-1005
傳　　眞——（02）8913-1056
讀者服務信箱 E-mail andbooks@andbooks.com.tw
劃撥帳號 19983379
戶　　名 大雁文化事業股份有限公司
出版日期——2024年7月 二版
定　　價——400 元
ISBN 978-626-7498-15-6

歡迎光臨大雁出版基地官網
www.andbooks.com.tw

國家圖書館出版品預行編目資料

心經隨喜 / 胡蘭成著 ; 小北譯劉慕沙審定.
-- 二版. -- 新北市 : 如果出版 : 大雁出版基地發行, 2024.07
面； 公分
ISBN 978-626-7498-15-6(平裝). --

1.般若部

221.45　　113009606

如果